Aborto legal, genocidio global

Antonio Sebastián Argueta

*Estas son mis razones: bolígrafo, papel, Constitución, Declaración
y un alma que anida en mi corazón.*

A todas aquellas personas que luchan por el derecho a la vida y por aquellos inocentes que no han tenido la suerte de poder disfrutar de este bien preciado que les corresponde a ellos y sólo a ellos.

NOTA DEL AUTOR

Dadas las circunstancias personales del autor, la elaboración de esta obra se ha prolongado mucho en el tiempo, pudiendo ocurrir que en este intervalo se hayan dictado disposiciones legales que de alguna manera afecten a los artículos citados en este libro. Por este motivo ruego que se tenga en cuenta que los mencionados artículos pertenecen a la trigésima edición del Código Civil actualizado a septiembre de 2007 así como al Código Penal de 1995.

Vaya también por adelantado que al señalar en esta obra algunas conductas como genocidas, debe entenderse siempre como PRESUNTAS, pues además de que todo el mundo es acreedor de la presunción de inocencia, sólo un Tribunal puede dictaminar dónde se comete genocidio y quiénes son los autores.

Índice

PRÓLOGO DEL AUTOR

Cuando la enfermedad aparece y empieza a mostrar sus encantos, paulatinamente nos aparta del mundo, y éste en justa reciprocidad nos abandona, condenándonos a una vida casi monacal. Pero esto, aparentemente duro y negativo, no lo es. Más bien todo lo contrario, ya que me ha proporcionado tiempo y ocasión para pensar, meditar, rezar y soñar, actividades muy gratificantes, casi un lujo en la época actual, y que me han permitido escribir el libro que tiene en sus manos.

Mi esposa y yo queremos agradecer el trato, consideración y ayuda que recibimos tanto de las viejas amistades como de las muchas personas que tratamos y conocemos por motivo de la enfermedad.

No pasa desapercibido para nosotros la delicadeza y sensibilidad con que nos tratan las personas que por profesión y/o vocación dedican su vida al cuidado y atención de los enfermos.

Aunque nos gustaría citarles a todos, no mencionamos a nadie pues sería muy injusto el olvido de cualquiera.

Gracias a todos, de todo corazón.

EL ALMA

La tierra es un planeta vivo que nació, está continuamente en evolución, y un día morirá. Todo en el planeta está en movimiento, empezando por la tierra en su conjunto que se desplaza siguiendo una órbita elíptica alrededor del sol, que es responsable de los cambios de estación y tiene también un movimiento de rotación que da origen a la sucesión día y noche.

El planeta recibe del sol cada día ingentes cantidades de energía que necesita para mantener la vida y para mantenerse vivo él mismo. En todas las reacciones químicas hay desprendimiento o absorción de energía según sean exotérmicas o endotérmicas, y lo mismo ocurre con el cambio de estado de los cuerpos, siendo particularmente importante lo que sucede con el agua, que forma parte de todos los seres vivos tanto del reino vegetal como del reino animal. Pensemos que en el hombre un 60% es agua. Todos los seres vivos necesitamos el agua.

Otra propiedad muy importante del agua es su función reguladora y estabilizadora del clima. El agua es un elemento muy abundante: tres cuartas partes de la corteza terrestre están cubiertas de agua en estado líquido. El agua en forma de hielo o nieve cubre las regiones frías de la tierra, estando en el aire en forma de vapor.

Todos los alimentos contienen agua en distintas proporciones: p.ej. un 7% en la harina de avena y un 95% en la lechuga. Una característica muy importante del agua es que, contrariamente al resto de los líquidos, al solidificar aumenta de volumen, por lo que el hielo es menos denso que el agua y por lo tanto flota en ella, siendo trascendental para la vida del planeta, pues si al solidificar aumentase su densidad, como sucede con el resto de líquidos, se depositaría en el fondo de ríos y lagos donde probablemente permanecería perpetuamente, acabando con toda la vida que allí se desarrolla.

Igualmente es trascendental para la vida del planeta el hecho de que el hielo flote, pues participa de manera activa en la regulación del clima por la influencia del ciclo del agua, que consiste en que el hielo absorbe calor para transformarse en agua líquida, ocurriendo lo mismo cuando el agua se evapora. Sin embargo, en la condensación del vapor y en la solidificación del agua hay desprendimiento de calor. Así pues, en épocas cálidas en las que se produzca un aumento de radiación solar, el planeta reacciona descongelando masas de hielo, para lo que necesita calor, incrementando la masa de agua líquida y al mismo tiempo su superficie, lo que hace que aumente la evaporación, proceso que también requiere la absorción de calor.

Dado que el vapor de agua es menos denso que el aire, inmediatamente asciende permitiendo de una parte que la evaporación continúe y por otra que las masas de vapor de agua alcancen las capas altas de la atmósfera donde las corrientes de aire las distribuirán por los continentes, y al chocar con masas de aire frío, se condensará, dando lugar a precipitaciones en forma de agua, nieve o granizo, que caerán sobre la tierra alimentando las aguas subterráneas y los ríos que la distribuyen a lagos y mares, con lo que se cierra el ciclo del agua.

Por el contrario, en una época fría de poca radiación calorífica procedente del sol, habrá grandes masas de agua que se congelarán, fenómeno que desprende calor, el cual en cierta manera compensa la escasez de radiación calorífica, produciéndose un aumento de la masa de agua sólida en detrimento de la masa de agua líquida y de la evaporación.

Otra característica del agua es su capacidad calorífica superior a la de cualquier otro sólido o líquido, lo que hace que grandes lagos y mares cambien de temperatura más lentamente que las rocas y las tierras que las rodean, lo que hace que el clima sea más suave en las islas y costas que en los continentes.

Todo en el planeta está en movimiento y la actividad es constante y global. En el interior de la tierra se soportan grandes temperaturas y presiones que hacen que la materia esté fundida. Toda esta energía se libera y manifiesta mediante movimientos sísmicos y erupciones volcánicas así como también por el afloramiento de géiseres y manantiales de aguas termales.

La materia está compuesta de partículas, siendo la molécula la partícula más pequeña en la que se distinguen las propiedades y características de la sustancia a la que pertenece. Las moléculas están formadas por uno o varios átomos combinados entre sí, y dado que la estructura del átomo es inmensamente hueca, pues consta de un núcleo que contiene la masa y unos electrones que giran continuamente en sus respectivas órbitas muy alejadas del núcleo, la materia lo mismo que el átomo es también inmensamente hueca y está continuamente en movimiento. Para darnos idea de esto, pensemos que si pudiésemos concentrar toda la masa del cuerpo humano, cabría en la cabeza de un alfiler.

En el planeta continuamente suceden cosas. Hay cambios de estado de los elementos así como reacciones químicas que siempre suceden bajo las mismas condiciones. Igualmente los reinos animal y vegetal están continuamente en movimiento ya que sus individuos nacen, se desarrollan y mueren.

Un principio muy importante es el de la acción y reacción, que consiste en que toda acción origina una reacción igual en intensidad y de sentido contrario. Si ejercemos una presión sobre una roca, ésta opone una resistencia que hace que su tamaño y forma permanezcan inalterables; pero si seguimos aumentando la presión y sobrepasamos el punto crítico de rotura, la roca se cuarteará y nunca volverá a recuperar su tamaño y forma iniciales.

Todos los procesos tienen un tiempo de duración y siempre que se produzcan bajo las mismas condiciones el tiempo de duración será el mismo.

El conocimiento de las leyes de la naturaleza y su correcta utilización puede ser muy provechoso y positivo para el hombre. Si conocemos el punto de rotura de una roca sabemos si la podemos utilizar ó no en determinada cimentación.

De la misma manera, como sabemos que bajo las mismas condiciones el tiempo del proceso de germinación, desarrollo y maduración de cada grano de cereal es el mismo, supone que si sembramos al mismo tiempo recolectaremos al mismo tiempo. Imaginemos que cada grano de cereal tuviese un proceso cuya duración fuese diferente. Esto conllevaría a que el cultivo del cereal tal y como se realiza hoy día sería impensable pues cada espiga granaría en diferente tiempo, obligando a recolectarlas una a una, haciendo imposible una recogida colectiva. Pensemos lo que esto supondría para la humanidad.

¿Podemos afirmar que estamos ante un planeta vivo e inteligente que tiene alma? Rotundamente no. Más bien nos encontramos en un planeta regido por un sistema inteligente de leyes que permiten el desarrollo de la vida de todo tipo de seres, incluidos seres inteligentes.

Analicemos el comportamiento de algunos seres. Si observamos un piñón, tan apreciado en pastelería, pues además de sus propiedades gustativas es muy agradable de comer por su tamaño y su textura, porque no contiene pepitas ni huesos y por tanto no peligran nuestros dientes al masticar. En fin, vemos al piñón como muy agradable pero débil y poquita cosa. Ahora bien, si lo estudiamos en su medio natural y encerrado en su cáscara lo enterramos en un suelo adecuado, después de un tiempo el piñón germinará y aparecerá un brote que se convertirá en un pino que producirá piñas de las que se desprenderán piñones, los cuales seguirán germinando y colonizando terreno hasta formar un pinar. Es decir, el débil piñón almacena una energía que junto con su código genético le permiten reproducirse y perpetuar la especie gracias a la estructura y diseño del que la Naturaleza le ha dotado y siempre que coincidan un suelo y clima propicios.

Si estudiamos el reino animal nos encontramos con que su vida se articula alrededor de la defensa y perpetuación de la especie. Su actividad consiste en preparar sus nidos, cados, madrigueras etc. así como en marcar y defender su territorio, reproducirse, proteger y alimentar a sus crías, enseñarles a defenderse y a sobrevivir.

Ya hemos dicho que el planeta no tiene alma ni posee una inteligencia propia, pero sí está dotado de un sistema de leyes que velan por su existencia y supervivencia. Tengamos muy presente, y conviene no olvidarlo, que toda violación de las leyes naturales tiene consecuencias y todas las agresiones al planeta originan una respuesta proporcionada (Principio de acción y reacción).

Los seres del reino vegetal (pino, piñón), ¿tienen alma, son inteligentes? ¡No! Realmente participan en un proceso maravilloso (germinación, crecimiento de un pino, floración, polinización, producción de piñas, maduración de las mismas, desprendimiento de los piñones y comienzo de un nuevo ciclo reproductivo. ¿Podemos deducir que el pino, la piña o el piñón tienen alma o son inteligentes por el hecho de realizar su cometido con precisión matemática? Rotundamente no, lo que sí son piezas del engranaje de un proceso regulado por unas leyes inalterables que tienen su origen en una inteligencia superior.

Si el pino o la piña fuesen inteligentes, aquél podría por ejemplo adelantar su floración porque conoce que el frío invernal va a llegar antes de tiempo y la piña podría tomar la decisión de liberar los piñones únicamente cuando soplaran ciertos vientos con el fin de que fueran arrastrados a terrenos fértiles que facilitaran su germinación. Pero ni el pino ni la piña pueden tomar estas decisiones ni ninguna otra que implique salirse del guión que la Naturaleza les ha asignado.

Quien sí puede tomar decisiones por ellos utilizándolos en su provecho es el hombre, quien puede llevar a cabo una repoblación forestal y en pocos años tener un magnífico pinar que podrá explotar en su provecho. Igualmente sucede con los cereales, frutas, hortalizas etc. que, cultivados de una manera racional junto con las explotaciones ganaderas y la pesca, constituyen la base de la alimentación de la humanidad. Es decir, el hombre pone a su servicio el reino vegetal y animal sabiendo muy bien que en la explotación de estos recursos no puede ir más allá de la capacidad de regeneración de los mismos, pues ello puede tener consecuencias de alcance imprevisible.

Todo esto lo puede realizar el hombre porque es poseedor de un ALMA. ¿Y qué es el alma? Pues nada más y nada menos que el pertrecho que acompaña y del que dispone el hombre haciéndole responsable del curso y desarrollo de su vida.

El alma proporciona al hombre:
- Energía y voluntad para impulsar la vida
- Capacidad de recordar y razonar
- Sentido del tiempo (presente, pasado y futuro)
- Discernimiento del bien y del mal
- Necesidad de libertad
- Sentido de la responsabilidad

El alma da el impulso inicial y proporciona la energía necesaria para el desarrollo del nuevo ser que acaba de nacer, y le acompañará a lo largo de toda su vida.

Así como en el reino vegetal los seres actúan mecánicamente según el programa con el que la naturaleza les ha dotado, los seres del reino animal, por ejemplo, actúan según su instinto de conservación. Sin embargo, el hombre realiza acciones fruto del ejercicio de su voluntad que han sido sometidas al filtro de la razón, conociendo la motivación de las mismas y siendo consciente de que si ha actuado en el ejercicio de su libertad es responsable de sus acciones, y se sabe merecedor de premio o de castigo según que la finalidad de las mismas haya sido el bien o el mal.

Lo más importante es que este alma que dota al hombre de voluntad, razón, libertad, responsabilidad, discernimiento del bien y del mal y sentido del tiempo, a la vez que lo hace conocedor de que es poseedor de un tiempo finito que solo le pertenece a él y en el que libremente articulará su vida, haciéndolo responsable de su propio destino. Es decir, el alma nos individualiza haciéndonos diferentes de los demás, lo que equivale a personalizarnos, y por tanto nos concede la dignidad de persona.

¿Qué supone el alma para el hombre? ¿Qué valor tiene?

En principio debemos reconocer que hay personas que afirman no creer en su existencia, habiendo llegado a esta conclusión de la mano de ciertas vertientes filosóficas o religiosas, o simplemente por pensar que lo que no aprecian los sentidos corporales no existe. Ahora bien, en la vida cotidiana no solamente reconocemos implícitamente la existencia del alma, sino que del binomio cuerpo-alma lo único que valoramos es el alma, adjudicándole al cuerpo un valor residual. Esto sucede cuando frecuentemente afirmamos "todos somos iguales", lo cual no es cierto ya que todos somos diferentes, o mejor dicho, todos deberíamos ser iguales ante la ley. Lo que sucede es que cuando afirmamos que todos somos iguales lo que queremos decir es que nadie vale más que otro, así como nadie se atreve a decir que vivirá más que otra persona por ser joven, adulto, hombre, mujer etc. Es evidente que no es lo mismo un cuerpo joven, sano y atlético que uno envejecido y enfermo, por lo que cuando afirmamos que nadie vale más que el resto estamos reconociendo a la persona como un ser compuesto de un cuerpo material soporte de otro espiritual que es el que define y da valor a la persona. Los cuerpos se han valorado en la trata de esclavos y hoy en día también existe cierto tipo de esclavitud donde se comercia con el cuerpo. Sin nada que ver con lo anterior, las compañías de Seguros, por citar un ejemplo, sí que tienen en cuenta para cierto tipo de pólizas la edad y salud del asegurado.

En resumen, el alma está íntimamente ligada al cuerpo al que anima, da vida y le confiere la dignidad de persona. Es la sede donde radican los principios que informan la conducta humana y cuando a cambio de dinero o de otro tipo de dádivas renunciamos a estos principios, estamos vendiendo el alma, renunciando a nuestra libertad y, en consecuencia, degradando a la persona a la condición de esclavo.

FECUNDACIÓN DEL ÓVULO

El proceso diseñado por la naturaleza en el que se lleva a cabo la fecundación del óvulo por el espermatozoide, es un proceso muy complejo que hoy día todavía no es conocido por el hombre en toda su profundidad y del cual, probablemente, faltan todavía muchos detalles por conocer.

En el proceso normal de fecundación es la naturaleza la que impone el guión, fijando las características y grado de desarrollo del organismo tanto del hombre como de la mujer para que aquél produzca millones de espermatozoides y la mujer un óvulo por mes aproximadamente.

Comúnmente se tiene la idea de que el proceso de fecundación consiste en que varios millones de espermatozoides compiten en una carrera frenética, siendo el más fuerte el que llega primero y fecunda el óvulo. Esto aparentemente es así, pero la carrera es más bien de obstáculos. Si analizamos el proceso vemos que este tiene lugar cuando el hombre produce espermatozoides y la mujer óvulos, lo cual sucede cuando han alcanzado el grado de desarrollo que la naturaleza determina. Llegado este momento en la mujer, se sucederán sin solución de continuidad los períodos de ovulación mientras dure su vida fértil, y el hombre producirá gran cantidad de espermatozoides. Pero ambos hechos tienen lugar de una manera automática, completamente ajenos a la voluntad de ambos. Ni el hombre ni la mujer pueden parar o modificar la producción de espermatozoides o la ovulación por un mero ejercicio de voluntarismo, para ello sería necesario un tratamiento quirúrgico o farmacológico.

A continuación viene una fase en la que la voluntad de los sujetos es determinante al decidir si optan por la abstinencia, en cuyo caso el proceso de fecundación es abortado, o si deciden seguir adelante, entrando así en la primera fase selectiva, la elección de pareja, siendo lo ideal que las parejas se formasen por influjo del amor. Una vez formada la pareja por la libre decisión de ambos componentes, entramos en el proceso de fecundación propiamente dicho, iniciándose cuando a iniciativa del varón y con consentimiento de la mujer, realizan el coito. A partir de este momento se acaba toda la participación del varón, quedando la función de la mujer limitada a una actitud totalmente pasiva de recipiendaria del esperma y depositaria del óvulo, sin que pueda influir en el proceso de fecundación del mismo de ninguna manera (acelerando, ralentizando, seleccionando espermatozoides). Lo único que podría hacer es abortar el proceso mediante una acción agresiva de lavado vaginal o un tratamiento químico con anticonceptivo. Si esto no sucede, todo sigue según el guión diseñado por la naturaleza.

Ahora bien, un procedimiento donde partimos de varios millones de espermatozoides, siendo solamente uno de ellos el que llegue a fecundar el óvulo, debe ser un procedimiento perfecto, riguroso y muy sofisticado, del que conocemos cosas pero probablemente nos falta mucho por conocer.

Sabemos que el óvulo tiene una temperatura más elevada que el cuerpo humano, por lo que irradia calor. También ofrece algunos sabores y difunde determinados aromas. Estos elementos, calor, sabores y aromas, para unos espermatozoides serán atractivos y a otros les repelerán, estableciendo una red de filtros que atraen y repelen haciendo que sea el más afín quien fecunde el óvulo y no el más fuerte de la partida. Si fuese el más fuerte el que fecunda el óvulo, ocurriría que en cada lote de espermatozoides habría uno fecundador y millones de acompañamiento sin misión alguna que cumplir, cosa que no sucede en la naturaleza donde nada es superfluo, y ante la posibilidad de fecundación de diferentes óvulos hay una respuesta de espermatozoide afín para cada óvulo.

Ahora bien, lo más importante y llamativo del proceso de fecundación es que una cadena de hechos naturales nos conduce a un último hecho: la fecundación del óvulo que tiene consecuencias jurídicas, pues el nuevo ser que nace en el momento de la fecundación tiene derecho a la vida, a la filiación y a la herencia, derechos reconocidos y amparados en el Art. 3 de la DUDH de la ONU, en el Art. 15 de la Constitución Española de 1978 y en el Art. 29 del CC. Esto sucede porque a lo largo del proceso de fecundación se intercalan unos hechos que tienen o pueden tener efectos jurídicos, que son los que fundamentan los derechos del nuevo ser concebido.

Uno es el contrato de matrimonio en el que puede desembocar la fase de selección de pareja, siendo por tanto reconocidos automáticamente como hijos todos los seres concebidos por ambos contrayentes.

Cuando no existe contrato matrimonial, el acto que fundamenta los derechos del concebido es el acuerdo de voluntades entre el hombre y la mujer previo a la realización del coito, acuerdo que equivale a la firma de un contrato según el Art. 1254 del CC, *"El contrato existe desde que una o varias personas consienten en obligarse [...]"* y Art. 1258 del CC: *"Los contratos se perfeccionan por el mero consentimiento, [...]*. La prueba es infalible ya que en el concebido figura la firma genética de ambos que perdurará toda la vida.

Especial gravedad presenta el caso de la fecundación del óvulo como consecuencia de una violación. Aquí, tanto la libre elección de pareja como el acuerdo de voluntades previo al coito son sustituidos por una brutal agresión que anula la voluntad de la mujer, siendo un hecho delictivo el que origina la fecundación del óvulo, dando lugar al nacimiento de un nuevo ser que es sujeto de derechos.

Analicemos la situación referida a cada uno de los afectados. Al violador se le aplicará la ley con todo rigor, debiendo afrontar todas las responsabilidades penales, civiles y pecuniarias que le correspondan, que son muchas, pues la violación es un delito muy repugnante que causa daños físicos en el cuerpo y mayores traumas en el alma.

La primera víctima es la mujer violada a quien se deberá indemnizar y resarcir de todos los daños y perjuicios sufridos, teniendo especial relevancia el tratamiento médico de las lesiones físicas así como el tratamiento psicológico adecuado.

La otra víctima es el nuevo ser concebido, quien no siendo responsable ni culpable y por tanto absolutamente inocente, es víctima de una legislación que lo desampara, autorizando su destrucción y que solo salvaría la vida si su madre, con buen criterio, decide continuar con el embarazo en la seguridad de que a las dos víctimas unidas les será más fácil superar esta situación.

FECUNDACIÓN IN VITRO

Como su nombre indica, consiste en la fecundación del óvulo por el espermatozoide realizada en el laboratorio y dentro del tubo de ensayo. Sin embargo, antes de profundizar en el tema veremos algunos ejemplos del reino mineral donde el hombre, partiendo de dos o más elementos, obtiene un tercero de propiedades y características diferentes. Así, por ejemplo, si partimos de dos elementos como son el carbono –C- y el oxígeno –O-, los podemos combinar en distintas proporciones: Si combinamos 12 partes de carbono con 16 partes de oxígeno $(C+O=CO)$ obtenemos monóxido de carbono, que es un gas venenoso. Pero si tomamos 12 partes de carbono y 32 de oxígeno $(C+2\,O = CO_2)$ obtenemos otro gas, dióxido de carbono, que no es venenoso. Algo parecido sucede con las aleaciones que son mezclas de metales fundidos, donde variando las proporciones se obtienen productos de características diferentes. Por ejemplo, mezclando:

90% Cobre + 10% Estaño – Bronce de cañón
78% Cobre + 22% Estaño – Bronce de campana

Diariamente tienen lugar innumerables procesos industriales donde se obtiene un producto partiendo de otros. Y sabemos muy bien que siempre que repitamos el proceso obtendremos el mismo producto final, pero si lo modificamos obtendremos otro producto diferente.

Así, en la fabricación del acero obtendremos aceros resistentes a la rotura apropiados para la fabricación de ejes, o aceros aptos para fabricación de herramientas de corte etc., y esto se consigue añadiendo al hierro fundido pequeñas cantidades de metales diferentes (tungsteno, cromo, vanadio etc.) según las propiedades que queramos conseguir.

Resumiendo:

Siempre que repitamos un proceso obtendremos el mismo producto;

Si introducimos modificaciones, el producto final variará;

Si dominamos el proceso, conoceremos qué variación hay que introducir para obtener un producto determinado.

Pues bien, el proceso de fecundación in vitro (FIV) es un modelo que por diferentes motivos se utiliza como sustituto del proceso natural de fecundación, habiendo entre uno y otro diferencias sustanciales que veremos a continuación.

Si en el caso de la FIV utilizamos esperma u óvulos procedentes de donantes anónimos, estamos prescindiendo de la fase de elección de pareja, pudiendo ocurrir que si los donantes coincidiesen en la vida real no existiese entre ambos ningún tipo de afinidad o de atracción, no descartando la indiferencia, la antipatía o el rechazo.

Otra diferencia notable radica en la selección de los espermatozoides, que en el proceso natural participan y compiten todos, que son varios millones, y solo uno, el más afín, o el mejor dotado entre los afines, será quien fecunde el óvulo. En cambio, en el proceso de la FIV se tomarán unas muestras de esperma, que expuestas sobre unas plaquetas se observarán en el microcopio y se seleccionarán aquellos que parezcan más idóneos.

En este proceso de selección de espermatozoides se cometen dos fallos importantes:

Solo participan un pequeño número de espermatozoides, prescindiendo de una gran mayoría;

La selección se hace en un medio neutro en ausencia del óvulo, mientras que en el proceso natural los espermatozoides se mueven bajo el influjo del óvulo.

Esto nos lleva a hacer algunas consideraciones y preguntas. Hemos visto cómo en el reino mineral al modificar los productos o las proporciones de los mismos, se obtienen productos diferentes, práctica ésta que se realiza con conocimiento previo y de una manera controlada.

¿Dominamos el proceso de la FIV hasta el grado de saber qué consecuencias tendría el utilizar uno ú otro espermatozoide? Pues una cosa es cierta, difícilmente el hombre seleccionará el mismo espermatozoide que hubiese salido vencedor en un proceso natural.

¿Alguien puede afirmar que la selección artificial del espermatozoide presenta ventajas sobre la selección natural?

Resumiendo:

En el proceso natural el espermatozoide fecundador se obtiene por selección natural (válgase la redundancia).

En el procedimiento de la FIV, la selección se lleva a cabo por designación.

¿Aporta o mejora en algo el proceso? No. Luego entonces, "donde no hay ganancia, cerca está la pérdida".

Otra cuestión que se plantea es si los niños probeta deben conocer su condición de tal y si deben conocer también a sus padres biológicos, caso de ser diferentes de los potestativos, así como a los hermanos biológicos si existiesen. Creo que esto debería ser obligatorio, salvo que no hubiera otro sistema para evitar que en el futuro se puedan establecer uniones entre hermanos por desconocimiento de sus antecedentes biológicos, probabilidad que evidentemente dependerá del número de casos de inseminación artificial que se realicen. Si estas uniones se llevan a cabo se producirán los problemas que acarrean la consanguinidad.

También se pueden poner objeciones de tipo ético, pues con toda seguridad habrá embriones que se destruirán, bien por mala calidad o por sobrantes, y cada embrión es un ser humano.

EL COITO - HECHO NATURAL QUE PUEDE ACARREAR CONSECUENCIAS JURÍDICAS

Cuando una pareja realiza el coito lo hace de común acuerdo. Este hecho equivale a la realización de un contrato cuya consecuencia más previsible es el nacimiento de un nuevo ser que desde el momento de la fecundación está reconocido y amparado por el Derecho, estando los progenitores obligados a reconocer, respetar y hacer respetar los derechos del nuevo ser, y subsidiariamente es el Estado quien debe garantizar los derechos del concebido que fundamentalmente son el derecho a la vida, el derecho de filiación y el derecho de herencia.

Recapitulemos lo anterior y veámoslo a la luz del entramado jurídico que lo soporta.

Cuando un hombre y una mujer realizan un coito equivale al perfeccionamiento de un contrato, pues antes ha tenido lugar un acuerdo de voluntades que obliga a ambos a asumir todas las consecuencias que su realización lleve consigo. La más lógica y probable es la fecundación del óvulo que la naturaleza deposita en el útero de la madre, donde se desarrolla y evoluciona hasta el momento del alumbramiento que es cuando adquirirá la personalidad. Sin embargo, los derechos le corresponden desde el momento de la concepción según el

Art. 29 del CC. El nacimiento determina la personalidad, pero el concebido se tiene por nacido para todos los efectos que le sean favorables.

El contrato nace por el acuerdo de voluntades entre el hombre y la mujer, estando en el concebido la prueba irrefutable de su realización ya que en su ADN figura la firma genética de ambos progenitores.

Por lo tanto, toda la legislación referente a las obligaciones y contratos es aplicable al caso.

Art. 1091 CC

"Las obligaciones que nacen de los contratos tienen fuerza de ley entre las partes contratantes, [...]."

Art. 1254 CC

"El contrato existe desde que una o varias personas consienten en obligarse, respecto de otra u otras, a dar alguna cosa o prestar algún servicio."

Art. 1256 CC

"La validez y el cumplimiento de los contratos no pueden dejarse al arbitrio de uno de los contratantes."

Art. 1258 CC

"Los contratos se perfeccionan por el mero consentimiento, y desde entonces obligan no solo al cumplimiento de lo expresamente pactado, sino también a todas las consecuencias [...]."

Art. 1278 CC

"Los contratos serán obligatorios, cualquiera que sea la forma en que se hayan celebrado, [...] ."

Es decir, de los contratos se derivan consecuencias y obligaciones que tienen fuerza de ley entre las partes y por ello son irrenunciables. Lo que sí son renunciables son los derechos (Art. 6/2 del CC).

Además, hemos de decir al respecto que en caso de colisión de deberes y derechos, la doctrina opta por la primacía de los deberes sobre los derechos, por lo que la madre debe asumir las obligaciones que le impone el contrato y renunciar a los derechos al aborto que le otorga la ley. Si esto se respetase en todos los casos, la *Ley Orgánica 2/2010, de 3 de marzo, de salud sexual y reproductiva y de la interrupción voluntaria del embarazo* sería inaplicable y, por lo tanto, inútil.

Otro sujeto que participa de este proceso jurídico es el concebido, que es un tercero de buena fe que nace de la relación de ambos progenitores, quedando establecidas las relaciones jurídicas entre ellos de la siguiente manera:

Los progenitores entre ellos y frente al concebido tienen derechos y deberes que son irrenunciables. Tal es el caso del derecho y deber de la paternidad que es irrenunciable por ser personalísimo, y las obligaciones porque proceden de la ley o de los contratos (Art.6/2 CC, Art. 1091 CC, Art. 1254 CC, Art. 1256 CC, Art. 1258 CC y Art. 1278 CC.

El derecho de paternidad de los padres es un derecho frente al concebido ante el que solo tienen obligaciones.

El concebido únicamente tiene derechos frente a todos, siendo los padres los responsables de que goce y disfrute de los mismos. Si los padres estuviesen incapacitados se le nombraría un tutor, siendo el Estado quien en último término es el garante de que se aplique toda la legislación que le favorece y que es mucha.

Además de los artículos referentes a obligaciones y contratos que obligan a los progenitores frente al concebido, las expectativas de derechos de éste se encuentran reconocidas en los Art. 29, 627, 644, 965, 966 y 967 del CC y en el Art. 15 de la Constitución Española de 1978.

Igualmente reconocen y protegen al concebido los Art. 144, 145 y 146 del CP. Lo mismo sucede con el Art. 15 de la Constitución de 1978.

Del mismo modo ocurre en los Art. 3, 8 y 10 de la DUDH aprobada por la Asamblea General de la ONU el 10 de diciembre de 1948 y en el Art. 2 del *Convenio Europeo para la Protección de los Derechos Humanos y de las Libertades Fundamentales* adoptado por el Consejo de Europa en Roma el 4 de noviembre de 1950.

Así también en el Preámbulo de la Asamblea Consultiva del Consejo de Europa de 4 de noviembre de 1979, donde se proclama el derecho a la vida desde el momento de la concepción.

Asimismo en el Preámbulo de la *Declaración Internacional de los Derechos del Niño* de 1959, donde se reconoce la protección jurídica del niño antes y después de su nacimiento, y en su Principio 4:

"El niño debe gozar de los beneficios de la seguridad social. [...] con este fin deberán proporcionarse, tanto a él como a su madre, cuidados especiales, incluida atención prenatal y postnatal. [...]".

La *Convención sobre los Derechos del Niño* de 1990 afirma en el Preámbulo que *"el niño por su falta de madurez física y mental, necesita protección y cuidados especiales, incluso la debida protección legal, tanto antes como después del nacimiento"*. En su Art. 24.2.d) proclama que debe asegurarse atención sanitaria prenatal y postnatal apropiada a las madres.

Todo este entramado legal reconoce y protege la vida humana desde su nacimiento, lo que según la Real Academia de Medicina (Acta del 3 de abril de 1973, conclusión 10.) tiene lugar en el momento de la fecundación: *"el huevo fecundado es una vida independiente y dotada de individualidad propia"*. En la misma línea, la sentencia del 11 de Abril de 1985 en su fundamento jurídico nº 5 b) afirma *"Que la gestación ha generado un 'tertium' existencialmente distinto de la madre"*.

Para la defensa de todos los derechos que el ordenamiento jurídico reconoce al concebido, éste cuenta con un tutor que le represente y defienda allí donde tenga que hacer valer sus derechos como confirman algunos artículos del CC, p.ej.:

Art. 959 – *"Cuando la viuda crea haber quedado encinta, deberá ponerlo en conocimiento de los que tengan a la herencia un derecho de tal naturaleza que deba desaparecer o disminuir por el nacimiento del póstumo."*

En este artículo vemos como es la madre quien representa al concebido y defiende sus derechos, pero hay situaciones en que los intereses son contrapuestos, siendo entonces cuando el concebido debe estar representado por un tutor que defienda sus derechos (Art. 162, 163, 172, 222, 223, 239, 267 y 271 del CC).

LEY HERODES 2/2010 - MONUMENTO A LA CONFUSIÓN Y AL ANTIDERECHO

A pesar de todo este entramado jurídico y colisionando con él, se promulga la *Ley Orgánica 2/2010, de 3 de marzo, de salud sexual y reproductiva y de la interrupción voluntaria del embarazo* que seguidamente pasaremos a estudiar, pero antes quiero precisar algunos conceptos.

Donde dice *"interrupción voluntaria del embarazo"* se debe interpretar como "aborto intencionado". El "no nacido" no existe, es la nada.

El nacimiento del ser humano tiene lugar en el momento de la concepción y cuando sale a la luz tiene lugar el alumbramiento, que es previo al nacimiento a la vida civil que tiene lugar posteriormente según los requisitos de cada ordenamiento jurídico que en España vienen determinados en el Código Civil:

Art. 29 – El nacimiento determina la personalidad.

Art. 30[1] – Para los efectos civiles solo se reputará nacido el feto que tuviera figura humana y viviera veinticuatro horas enteramente desprendido del seno materno.

Por eso cuando hablamos del *nasciturus* hay que entender como el que va a nacer a la vida civil, y lo mismo sucede con

[1] En la actualidad y tras la reciente modificación del Código Civil, la personalidad se adquiere en el momento del nacimiento con vida, una vez producido el entero desprendimiento del seno materno.

"la vida prenatal" que solo puede interpretarse como la vida previa al nacimiento civil.

El niño que viene al mundo es el mismo que estaba en el vientre de su madre, por lo tanto no ha nacido en el momento del parto sino que nació en el momento de la concepción, y a partir de entonces crecerá y evolucionará a lo largo de su vida.

Lo mismo ocurre con el agua que brota de un manantial, no nace en el momento de aflorar sino que se ha formado mucho antes, siendo la misma agua la que hay en el interior de la tierra que la que brota en el manantial, pero que no nace ahí, aunque sí dicho manantial puede dar lugar al nacimiento de un río.

"Mi cuerpo es mío y yo decido sobre él."

Esta frase resulta doblemente inexacta porque tratándose del aborto quien decide no lo hace sobre su cuerpo sino dispone de otro ajeno.

Tampoco es cierto que se pueda disponer libremente de su propio cuerpo, si así fuera, no estarían penalizadas las lesiones consentidas ni las ayudas al suicidio, como recoge el Código Penal en sus Art. 155 y 143/4, respectivamente:

<u>Art. 155</u>:
En los delitos de lesiones, si ha mediado el consentimiento válido, libre, espontáneo y expresamente emitido del ofendido, se impondrá la pena inferior en uno o dos grados."

<u>Art. 143/4</u>:
"El que causare o cooperare activamente con actos necesarios y directos a la muerte de otro, por la petición expresa, seria e inequívoca de éste, en el caso de que la víctima sufriera una enfermedad grave que conduciría

necesariamente a su muerte, o que produjera graves padecimientos perma-
nentes y difíciles de soportar, será castigado con la pena inferior en uno o
dos grados [...]."

Vida dependiente

La expresión *"vida dependiente"* suele identificar como tal la del concebido en el seno materno, y esto que aparentemente es así en la realidad no lo es.

Según la *Ley 39/2006, de 14 de diciembre, de Promoción de la Autonomía Personal y Atención a las personas en situación de dependencia*, más conocida como "Ley de Dependencia", se considera dependiente aquella persona discapacitada que por tener un cierto grado de minusvalía necesita una persona cuidadora.

Este no es el caso del concebido, que no es discapacitado ni sufre grado alguno de minusvalía, ni necesita una cuidadora pues él solito se cuida.

Lo que sucede es que al igual que los ciudadanos tenemos derecho a una vivienda digna y adecuada (Art. 47 de la Constitución de 1978), lo cual queda en una mera formulación de intenciones. En cambio, al concebido la naturaleza le proporciona el hábitat adecuado para garantizar su vida y desarrollo de la misma desde la concepción hasta el alumbramiento.

Durante este tiempo la madre hace de portadora – que no de cuidadora. Además, la madre transforma y adecua su organismo dando respuesta a las exigencias y necesidades del nuevo ser, que piensa incluso en su sustento posparto y activa la glándula mamaria asegurando el sustento de su futuro inmediato. Todo ello se realiza de manera automática y completamente ajena a la voluntad de la madre, sucediendo más bien a instancias del concebido.

Durante la gestación, el concebido vive la etapa de su vida en la que goza de una mayor autonomía. Desde luego es mucho más autónomo durante su estancia en el seno materno que luego de bebé lactante.

Lo que queda claro es que en el proceso fecundación – gestación – parto, el sujeto principal es el concebido y la relación con la madre es de absoluto dominio, quien va transformando su organismo de acuerdo a las necesidades del nuevo ser que evoluciona según el programa que lleva impreso y que nadie puede modificar. Es tal la fuerza y el impulso vital de este nuevo ser que si se le implanta en el útero de otra mujer que no sea su madre, enraíza en él, poniéndole a su servicio y garantizando su vida y desarrollo exactamente igual que en el seno de su madre biológica.

Llegados a este punto mi pregunta es la siguiente: ¿Es lógico y racional que en un proceso como la gestación, donde la naturaleza establece una relación de subordinación de la madre para con el hijo, intervenga el legislador y dictamine la prevalencia de derechos de menor rango de la madre frente al derecho a la vida del hijo?, que es lo que sucede con la ley 2/2010. Esto va contra el sentido común ya que aplicando estos razonamientos, ¿qué respuesta daremos a la solicitud de aborto en el caso de las madres de alquiler? ¿Quién está legitimado para pedir el aborto?

La madre biológica, porque ha descubierto que la próxima maternidad va a resultarle gravosa para su desarrollo integral.

La madre de alquiler, a quien el embarazo le resulta pesado, y le ocasiona trastornos emocionales.

Ninguna de las dos, ya que suscribieron un acuerdo previo.

Me permito recordar que en el proceso de gestación normal la fecundación del óvulo llega previo acuerdo de los progenitores.

Ley Orgánica 2/2010, de 3 de marzo, de salud sexual y reproductiva y de la interrupción voluntaria del embarazo

Ley que como todas las leyes de plazos, si no se ejercita el derecho al aborto, el concebido será <u>HERE</u>DERO <u>o</u> <u>DES</u>HEREDADO en caso que se ejercite, por lo que de ahora en adelante la denominaremos ley HERODES.

Toda la justificación de motivos desarrollada a lo largo del preámbulo de la ley Herodes 2/2010 toman como fundamento la sentencia 53/1985 STC, por lo que antes de entrar en el estudio de la ley haremos un análisis de la sentencia referida en sesión plenaria del TC en fecha 11/4/85:

"En atención a todo lo expuesto, el Tribunal Constitucional, por la autoridad que le confiere la Constitución de la Nación Española, ha decidido:

Declarar que el Proyecto de Ley Orgánica por el que se introduce el Art. 417 bis del Código Penal es disconforme con la Constitución, [...] por incumplir en su regulación exigencias constitucionales derivadas del Art. 15 de la Constitución, [...]."

Dada la importancia que tiene el Art. 15 de la Constitución tanto para poder comprender la sentencia 53/1985 STC como para analizar la ley Herodes 2/2010, expongo a continuación un resumen de su tramitación parlamentaria.

Tuvo lugar en la sesión nº 34 del Pleno del Congreso en la que el diputado de Alianza Popular, Sr. Mendizábal, presentó la enmienda para cambiar la expresión *"la persona tiene el derecho a la vida"* por la de *"todos tienen derecho a la vida"*.

La razón que adujo el diputado defensor de la enmienda para el cambio de *"personas"* por *"todos"*, era para evitar que el aborto estuviese implícitamente reconocido y que en lo sucesivo así fuese la interpretación del precepto.

El Grupo Parlamentario Centrista se adhirió a la enmienda defendiendo la fórmula de *"todos"*, diciendo expresamente *"no*

*queremos que el legislador ordinario pueda, con una regulación deter-
minada, negar la categoría jurídica de una persona a una realidad que ya
existe; no queremos que el Derecho sirva para privar o para impedir la
existencia de quien ya es"*.

La votación fue favorable a la enmienda.

A través de esta enmienda quedan muy claros el sentido y el alcance que el legislador constituyente quiso dar al Art. 15 de la Constitución y que la STC 53/1985 recoge y expresa como ponen de manifiesto los siguientes párrafos:

<u>Fundamento Jurídico No. 5</u>
El Tribunal afirma:

a)   La vida humana es un proceso que comienza con la gestación, sometido por efectos del tiempo a cambios cualitativos de naturaleza somática y psíquica que tienen un reflejo en el "status" jurídico público y privado del sujeto vital.

b)   La gestación ha creado un *tertium* existencialmente distinto de la madre.

c)   En este apartado afirma el Tribunal que si la Constitución protege la vida, no puede dejar de protegerla en aquella etapa de su proceso que no sólo es condición para la vida independiente del claustro materno sino también un momento del desarrollo de la vida misma.

A continuación, el Tribunal afirma que la vida del *nasciturus* constituye un bien jurídico cuya protección encuentra en dicho precepto (Art. 15) fundamento constitucional.

<u>Fundamento Jurídico No. 7</u>
El Tribunal reitera que la vida del *nasciturus* es un bien jurídico constitucionalmente protegido por el art. 15 de nuestra Norma Fundamental.

A continuación, la Sala declara que la protección que la Constitución dispensa al *nasciturus* implica para el Estado dos obligaciones:

a) LA DE ABSTENERSE DE INTERRUMPIR O DE OBSTACULIZAR EL PROCESO NATURAL DE GESTACION.

b) ESTABLECER UN SISTEMA LEGAL PARA LA DEFENSA DE LA VIDA QUE SUPONGA UNA PROTECCION EFECTIVA DE LA MISMA Y, DADO EL CARÁCTER FUNDAMENTAL DE LA VIDA, IN-CLUYA TAMBIEN COMO ULTIMA GARANTIA LAS NORMAS PENALES.

Evidentemente, esta sentencia (STC 53/1985) no sirve de base, ni fundamento, ni de justificación de motivos para una ley de plazos de aborto libre cual es la ley Herodes 2/2010.

Ahora bien, como en esta sentencia se abordan casos extremos y dramáticos de colisión de derechos entre el *nasciturus* y la madre, el Tribunal habla de carácter relativo de los derechos del UNO y de LA OTRA, que en cada caso concreto deberán estudiarse para decidir si pueden conciliarse los dos ó cuál de ellos debe prevalecer.

Finalmente, el <u>Fundamento Jurídico No. 9</u>, en el que se dice textualmente:

"Se trata de graves conflictos de características singulares, que no pueden contemplarse tan sólo desde la perspectiva de los derechos de la mujer o desde la protección de la vida del *nasciturus*. Ni ésta puede prevalecer incondicionalmente frente a aquéllos, ni los derechos de la mujer pueden tener primacía absoluta sobre la vida del *nasciturus*, dado que dicha prevalencia supone la desaparición, en todo caso, de un bien no solo constitucionalmente protegido, sino que encarna un valor central del ordenamiento constitucional. Por ello, en la medida en que no puede afirmarse de ninguno de ellos su carácter absoluto, el intérprete constitucional se ve obligado a ponderar los bienes y derechos en función del supuesto planteado, tratando de armonizarlos si ello es posible o, en caso contrario, precisando las condiciones y requisitos en que podría admitirse la prevalencia de uno de ellos."

ANÁLISIS JURÍDICO

La primera objeción que se puede oponer a esta ley es acerca de su legitimidad de origen.

Mediante esta ley se autoriza el exterminio de seres humanos quitándoles la vida en las primeras semanas de gestación.

Teniendo en cuenta que la vida es un bien jurídico (STC 53/1985) y dado que el concebido adquiere la vida y nace de la misma forma y mediante título de la misma valía y rango que el resto de los seres humanos incluidos sus Señorías legisladores, podemos afirmar que la vida del concebido vale lo mismo que la de cualquier ser humano, lo que equivale a decir que todos somos iguales. Y así lo corrobora la Constitución en el Art. 15, donde no solo reconoce el derecho a la vida de todos sino que además queda abolida la pena de muerte, con lo que los autores de crímenes tan horrendos como terrorismo o asesinatos en serie se les respeta la vida en atención a la dignidad de la persona, siendo acreedores también de todos los beneficios penitenciarios que la ley otorga a los penados. Es decir, nuestras Cortes amparan y sostienen un ordenamiento jurídico con unas leyes penales y penitenciarias muy garantistas y humanitarias en atención a la dignidad a la que toda persona es acreedora por el mero hecho de ser persona.

Con la aprobación y promulgación de la ley Herodes 2/2010, ley durísima e injusta para con el concebido que no sólo permite su eliminación sino que además lo financia el Estado dando lugar a una situación esquizofrénica que se traslada al ordenamiento jurídico al forzar la convivencia de normas garantistas y humanitarias tales como la abolición de la pena de muerte y la eliminación de la cadena perpetua, se permite y se financia la eliminación del ser humano más inofensivo e INOCENTE.

Esta situación nos conduce a plantearnos la siguiente pregunta: ¿Merece menos consideración la vida de un inocente concebido que la de un criminal? Si la respuesta es "no", esta ley Herodes no cabe en el ordenamiento jurídico.

Otra cuestión sería, ¿vale menos la vida del concebido que la del ciudadano o la del Diputado? Si la respuesta es negativa, sus Señorías carecen de autoridad para disponer de la vida de un semejante, y ni siquiera los ciudadanos tenemos la facultad de otorgarles la representación para legislar sobre la vida de un semejante.

Otra objeción acerca de la legitimidad de origen de la ley Herodes 2/2010 consiste en que no venía propuesta en el programa electoral del partido que la promulgó y tampoco ha sido legitimado por un referéndum popular.

A continuación expongo algunos comentarios relativos al texto de la ley Herodes 2/2010:

PREÁMBULO I

Dado que el ámbito de aplicación de esta ley es el territorio español, me resulta extraña la siguiente cita de la Asamblea General de Naciones Unidas, Resolución 34/180 de 18 de diciembre de 1979, que en su Art.12 establece:

"Los Estados Partes adoptarán todas las medidas adecuadas para eliminar la discriminación contra la mujer en la esfera de la atención médica a fin de asegurar, en condiciones de igualdad entre hombres y mujeres, el acceso a servicios de atención médica, incluidos los que se refieren a la planificación familiar."

Dudo que en España exista discriminación de la mujer en atención sanitaria, por lo que no veo la idoneidad ni la oportunidad de la cita anterior como justificación de la ley Herodes 2/2010.

En el párrafo final del Preámbulo I se afirma:

"Establece (la ley 2/2010) *una nueva regulación de la interrupción voluntaria del embarazo fuera del Código Penal que, siguiendo la pauta más extendida en los países de nuestro entorno político y cultural, busca garantizar y proteger adecuadamente los derechos e intereses en presencia de la mujer y de la vida prenatal."*

Supongo que eso de la vida prenatal se refiere al concebido. Pues bien, en una primera lectura de la ley no he sido capaz de ver dónde y cómo se garantizan y protegen los derechos del concebido. Pero no desfallezco y sigo estudiando la ley.

<u>PREÁMBULO II, Párrafo 1º</u>

"El primer deber del legislador es adaptar el Derecho a los valores de la sociedad cuyas relaciones ha de regular, procurando siempre que la innovación normativa genere certeza y seguridad en las personas a quienes se destina, pues la libertad solo encuentra refugio en el suelo firme de la claridad y precisión de la Ley. Ese es el espíritu que inspira la nueva regulación de la interrupción voluntaria del embarazo."

Señorías, la claridad y precisión son dos cualidades imprescindibles en todas aquellas actividades dirigidas a informar al ciudadano tales como discursos, intervenciones parlamentarias, ruedas de prensa, comunicados etc., y que frecuentemente adolecen de dichas cualidades. Pero la Ley, Señorías, principalmente debe ser JUSTA. Una ley siendo clara y precisa puede ser tan injusta que ella, sus autores y sus ejecutores merezcan pasar por el TPI.

La ruta de la LIBERTAD es otra: claridad y transparencia nos conducen a la VERDAD, y ésta es fundamento de la JUSTICIA, que es la garantía de la LIBERTAD, paraguas que nos permite actuar pero siendo responsables de nuestros actos.

La libertad es una cualidad innata e inherente al hombre cuyo ejercicio debe garantizar y tutelar la Justicia, permitiendo que el individuo se realice como persona al ser responsable de sus actos.

La libertad no nos hace ni buenos, ni malos, ni regulares, ni verdaderos, ni falsos. La Libertad nos hace responsables de nuestros actos, que según sean buenos o malos, serán dignos de premio o merecedores de castigo, según dictamine la Justicia. Y digo la Justicia y no la Ley porque ésta no siempre es justa.

PREÁMBULO II (Párrafos 5, 6 y 7)

Donde abundan las referencias a la STC 53/1985, por lo que me remito al comentario hecho anteriormente de dicha sentencia.

No obstante, quiero hacer alguna precisión a afirmaciones hechas en este Preámbulo:

"Los no nacidos no pueden considerarse en nuestro ordenamiento como titulares del derecho fundamental a la vida que garantiza el Art. 15 de la Constitución".

Esta frase está sacada fuera de contexto. La STC 53/1985, para interpretar el Art. 15 de la Constitución, remite a las actas de la Sesión Parlamentaria n° 34 en la que se aprobó dicho artículo.

<u>PREÁMBULO II, Párrafo 6º</u>

"La ponderación que el legislador realiza ha tenido en cuenta la doctrina de la STC 53/1985 y atiende a los cambios cualitativos de la vida en formación que tienen lugar durante el embarazo, estableciendo de este modo una concordancia práctica de los derechos y bienes concurrentes a través de un modelo de tutela gradual a lo largo de la gestación."

Parece ser que el legislador, para fundamentar este párrafo, se inspira en el Fundamento Jurídico No. 5, párrafo a) de la STC 53/1985, que dice:

"Que la vida humana es un devenir, un proceso que comienza con la gestación, [...]; es un continuo sometido por efectos del tiempo a cambios cualitativos de naturaleza somática y psíquica que tienen un reflejo en el status jurídico público y privado del sujeto vital."

Creo que el legislador hace una interpretación errónea al considerar que se refiere a la vida durante el embarazo, y no es así, sino que se refiere a la totalidad de la vida, en la que ocurren cambios (niñez, juventud, madurez) y se suceden acontecimientos (alumbramiento, mayoría de edad, matrimonio, paternidad etc.) que producen efectos jurídicos. Considero que esta interpretación es más ajustada que la que hace el legislador, y perdón por la osadía, Señorías.

<u>PREÁMBULO II, Párrafo 7º</u>

En este párrafo se conjuga el concepto *"el derecho a la maternidad libremente decidido"* que el legislador define como derecho al aborto libre durante las 14 primeras semanas del embarazo.

Otro concepto que maneja el legislador es el de *"autodeterminación consciente"* por la que será la mujer la que decida, sin intervención de un tercero, para no limitar innecesariamente la personalidad de la mujer. En la vida real la mujer embarazada que está sopesando abortar decidirá si lo hace sola y calladamente, o si por el contrario lo consulta e intercambia opiniones con su marido, novio, amigas o distintos familiares, sin que ello limite o perjudique la personalidad de la mujer. Más bien sucede lo contrario, que con el intercambio de opiniones, razonables y razonadas, la personalidad se asienta y fortalece.

Ahora bien, creo que cuando hablan de la *"intervención determinante de un tercero"* se refieren al representante o tutor del concebido que por ley le corresponde o a los padres, pero si están discapacitados o tienen intereses encontrados con los del concebido, se le deberá nombrar un tutor. Y si esto no se hace como ocurre con la presente ley, el concebido queda en situación de total indefensión, lo cual es contrario al Art. 24.1 de la Constitución:

"Todas las personas tienen derecho a obtener la tutela efectiva de los Jueces y Tribunales en el ejercicio de sus derechos e intereses legítimos, sin que, en ningún caso, pueda producirse indefensión".

En el mismo sentido y con la misma claridad y contundencia, el Art. 8 de la DUDH:

"Toda persona tiene derecho a un recurso efectivo, ante los tribunales nacionales competentes, que la ampare contra actos que violan sus derechos fundamentales reconocidos por la constitución o por la ley".

Al final del párrafo 7º justifica dejar la vida del concebido a la libre disposición de la voluntad de la mujer para no limitar la personalidad de la misma, apoyándose en el Art. 10.1 de la Constitución que dice:

"La dignidad de la persona, los derechos inviolables que le son inherentes, el libre desarrollo de la personalidad, el respeto a la ley y a los derechos de los demás son fundamento del orden político y de la paz social".

No menos importante es el Art. 10.2:

"Las normas relativas a los derechos fundamentales y a las libertades que la Constitución reconoce, se interpretarán de conformidad con la Declaración Universal de Derechos Humanos".

Según el Art. 10.1, la vida del concebido tiene que ser respetada por la madre, pues la vida de aquél no es incompatible con la libertad y el desarrollo de la personalidad de la madre.

El derecho a la vida del concebido está garantizado por el Art. 15 de la Constitución y por el Art. 3 de la DUDH. Además, según el Art. 39.4 de la Constitución, *"los niños gozarán de la protección prevista en los acuerdos internacionales que velan por sus derechos"*.

Los derechos del niño están ampliamente recogidos y garantizados en la DUDH de 1948, pero la importancia del tema y el interés que despierta en la ONU es tal, que en 1959 la Asamblea General, con el fin de llamar la atención de todo el mundo, adoptó por unanimidad la *Declaración de los Derechos del Niño*, en cuyo Preámbulo reconoce taxativamente la protección jurídica del niño *"antes y después del nacimiento"*, expresión muy afortunada por su claridad ya que elimina todas las dudas acerca del comienzo de la vida así como del momento en que empieza a ser acreedor de todos los derechos que le otorgan las leyes.

A continuación, y por considerar que la ley Herodes 2/2010 podría vulnerar los Art. 3, 7 y 8 de la DUDH, reproduzco el Art. 30 de esta última:

"Nada en la presente declaración podrá interpretarse en el sentido de que confiere derecho alguno al Estado, a un grupo o a una persona, para emprender y desarrollar actividades o realizar actos tendentes a la supresión de cualquiera de los derechos y libertades proclamados en esta Declaración".

A la luz de este artículo podrían quedar desautorizadas: la madre para solicitar el aborto, el médico para ejecutarlo y la oficina de recepción de peticiones de aborto por proporcionar información incompleta al omitir explicar a la madre los derechos del concebido y no pasar información del hecho a la autoridad competente para que provea de tutor al concebido y así pueda defender sus derechos.

También podría afectar al Estado por aplicar y dotar una ley sobre la que recaen serias dudas acerca del respeto al derecho a la vida del concebido así como del derecho a la defensa de sus intereses.

PREÁMBULO II, Párrafo 8º

De entrada nos dice que las ayudas a la mujer embarazada y a la maternidad favorecen la protección del concebido, y por ello la decisión de abortar se deja a la libre voluntad de la mujer.

Esta conclusión no hay quien la entienda porque ni es conclusión ni tiene lógica. Aquí lo que hay son dos afirmaciones que analizamos a continuación:

1.   *Las ayudas al embarazo y la maternidad aumentan la probabilidad de supervivencia del concebido.*

Lo lógico sería decir que se refuerzan estas medidas "equiparándolas al resto de países de nuestro contorno cultural", siguiendo la política del Art. 39 de la Constitución y del Art. 25.2 de la DUDH.

2.   *El abortar o proseguir con el embarazo es única y exclusivamente decisión de la mujer.*

Mediante esta concesión el Estado hace dejación de funciones al renunciar implícitamente a los derechos y obligaciones que tiene para con el concebido.

Cito a continuación los puntos de la ley que considero más interesantes por afectar más directamente a la interrupción voluntaria del embarazo, es decir, al aborto:

TÍTULO PRELIMINAR

Art.1. *Objeto.*

Constituye el objeto de la presente Ley Orgánica garantizar los derechos fundamentales en el ámbito de la salud sexual y reproductiva, regular las condiciones de la interrupción voluntaria del embarazo y establecer las correspondientes obligaciones de los poderes públicos.

[...]

Art. 3. *Principios y ámbito de aplicación.*

1. En el ejercicio de sus derechos de libertad, intimidad y autonomía personal, todas las personas tienen derecho a adoptar libremente decisiones que afectan a su vida sexual y reproductiva sin más límites que los derivados del respeto a los derechos de las demás personas y al orden público garantizado por la Constitución y las Leyes.

2. Se reconoce el derecho a la maternidad libremente decidida.

[...]

TÍTULO I

De la salud sexual y reproductiva

CAPÍTULO I

Políticas públicas para la salud sexual y reproductiva

Art. 5. *Objetivos de la actuación de los poderes públicos.*

[...]

Asimismo en el desarrollo de sus políticas promoverán:

Las relaciones de igualdad y respeto mutuo entre hombres y mujeres en el ámbito de la salud sexual [...];

La corresponsabilidad en las conductas sexuales, [...].

[...]

TÍTULO II

De la interrupción voluntaria del embarazo

CAPÍTULO I

Condiciones de la interrupción voluntaria del embarazo

Art. 12. *Garantía de acceso a la interrupción voluntaria del embarazo.*

Se garantizan el acceso a la interrupción voluntaria del embarazo en las condiciones que se determinan en esta Ley. Estas condiciones se interpretarán en el modo más favorable para la protección y eficacia de los derechos fundamentales de la mujer que solicita la intervención, en particular, su derecho al libre desarrollo de la personalidad, a la vida, a la integridad física y moral, a la intimidad, a la libertad ideológica y a la no discriminación.

Art. 13. *Requisitos comunes*

Son requisitos necesarios [...]:

1.   Que se practique por médico especialista [...].

2.   Que se lleve a cabo en centro sanitario público o privado acreditado.

3.   Que se realice con el consentimiento expreso y escrito de la mujer embarazada [...].

Art. 14. *Interrupción del embarazo a petición de la mujer*

Podrá interrumpirse el embarazo durante las catorce primeras semanas [...], siempre que concurran los requisitos siguientes:

a)   Que se haya informado a la mujer embarazada sobre los derechos, prestaciones y ayudas públicas [...].

b)   Que haya transcurrido un plazo de al menos tres días, desde la información mencionada en el párrafo anterior y la realización de la intervención.

Art. 15. *Interrupción por causas médicas.*

[...]

1)   [...] siempre que exista grave riesgo para la vida o la salud de la embarazada [...].

2)   [...] siempre que exista riesgo de graves anomalías en el feto [...].

3)   Cuando se detecten anomalías fetales incompatibles con la vida [...].

(En todos los casos no deben superarse las veintidós semanas de gestación y es imprescindible un dictamen médico previo.)

<u>CAPÍTULO II</u>

Garantías en el acceso a la prestación

Art. 18. *Garantía del acceso a la prestación.*

[…] Esta prestación estará incluida en la cartera de servicios comunes del Sistema Nacional de Salud.

[…]

Disposición adicional primera:

El Estado ejercerá la Alta Inspección como función de garantía y verificación del cumplimiento efectivo de los derechos […].

Disposición adicional segunda:

El Gobierno evaluará el coste económico de los servicios y prestaciones incluidas en la Ley […].

Disposición derogatoria única:

Queda derogado el art. 417 bis del Texto Refundido del Código Penal […] redactado conforme a la Ley Orgánica 9/1985, de 5 de julio.

Disposición final primera:

Uno – El artículo 145 del Código Penal queda redactado de la forma siguiente:

"Artículo 145.

1.   El que produzca el aborto de una mujer, con su consentimiento, fuera de los casos permitidos por la ley será castigado con la pena de prisión de uno a tres años e inhabilitación especial para ejercer cualquier profesión sanitaria, o para prestar servicios de toda índole en clínicas, establecimientos o consultorios ginecológicos, públicos o privados, por tiempo de uno a seis años. El juez podrá imponer la pena en su mitad superior cuando los actos descritos en este apartado se realicen fuera de un centro o establecimiento público o privado acreditado.

2.   La mujer que produjere su aborto o consintiere que otra persona se lo cause, fuera de los casos permitidos por la ley, será castigado con la pena de multa de seis a veinticuatro meses.

3.   En todo caso, el juez o tribunal impondrá las penas respectivamente previstas en este artículo en su mitad superior cuando la conducta se llevare a cabo a partir de la vigésimo segunda semana de gestación."

[…]

"Art. 145 bis.

1.   Será castigado con la pena de multa de seis a doce meses e inhabilitación especial para prestar servicios de toda índole en clínicas, establecimientos o consultorios ginecológicos, públicos o privados, por tiempo de seis meses a dos años, el que dentro de los casos contemplados en la ley, practique un aborto:

a) sin haber comprobado que la mujer haya recibido la información previa relativa a los derechos, prestaciones y ayudas públicas de apoyo a la maternidad;

b) sin haber transcurrido el período de espera contemplado en la legislación;

c) sin contar con los dictámenes previos preceptivos;

d) fuera de un centro o establecimiento público o privado acreditado.

En este caso, el juez podrá imponer la pena en su mitad superior.

2.   En todo caso, el juez o tribunal impondrá las penas previstas en este artículo en su mitad superior cuando el aborto se haya practicado a partir de la vigésimo segunda semana de gestación.

3.   La embarazada no será penada a tenor de este precepto."

Esta ley que en el preámbulo hace un canto a la claridad y concisión, hemos de reconocer que no tiene nada de clara y concisa, comenzando por el mencionado preámbulo que parece querer impactar y apabullar al lector con una exhibición de erudición mal fundamentada, quedando todo en humo.

En lo referente al articulado de la ley, también es confuso, empezando porque unos artículos tienen rango de Ley Orgánica y otros no, y continuando con pretender regular multitud de materias (educación afectiva sexual, planes de enseñanza para profesionales médicos, objeción de conciencia, métodos anticonceptivos etc.). También hay una mezcolanza de artículos donde se resalta el predominio de derechos fundamentales de la mujer junto a otros con requisitos, condiciones y plazos que nos conduce al final a establecer las sanciones por irregularidades cometidas en el proceso del aborto voluntario que se lleva a cabo en los artículos 145 y 145 bis del Código Penal. El art. 145 sanciona los casos no permitidos por la ley 2/2010, que serían todos aquellos abortos voluntarios:

a)   provocados por la mujer misma;

b)   llevados a cabo por persona que no sea médico abortista;

b)   en mujeres menores de 16 años.

A las personas menores de edad será la Jurisdicción del Menor quien intervenga y aplique la ley correspondiente, mientras que el resto de personas que colaboren y sean mayores de edad, será el artículo 145 del Código Penal el que se les aplique.

LAGUNAS DE LA LEY

El óvulo fecundado

No hay mención alguna al óvulo fecundado que es el motivo y justificación de esta ley, ya que sin óvulo fecundado no habría ley del aborto.

El óvulo fecundado es consecuencia directa del coito, siendo ambos la demostración de una buena salud sexual y reproductiva. Además, en el coito se da una conjugación de valores y derechos que la ley propugna y ensalza, tales como la libertad, intimidad, corresponsabilidad sexual, no discriminación, reforzamiento de la autoestima y de la personalidad así como la ausencia de tabúes ideológicos o de cualquier otro tipo.

El óvulo fecundado trae para la madre nuevos derechos como el de paternidad, que le permite exigir al padre el reconocimiento del hijo con todas las consecuencias que lleva consigo, derechos frente a la empresa y ayudas económicas por parte del Estado. Además, le concede preponderancia y prioridad a una serie de derechos fundamentales gracias al concebido. Pues bien, el perfeccionamiento del derecho al aborto conlleva la mayor ingratitud que se pueda dar en la naturaleza para con un ser generoso e indefenso que se entrega y abandona en el seno de la madre, a la que entrega todo lo que es y tiene.

Eliminación del material biológico

Tampoco dice nada la ley acerca de la eliminación de los restos biológicos, cuestión muy importante, pues según se cataloguen el método será diferente, p.ej.

a)	Residuos orgánicos: se podrá tirar en bolsas a los correspondientes contenedores de recogida de basuras urbanas.

b)	Residuos industriales: será el camión de recogida de basura industrial el encargado de retirarlos;

c)	Residuos diarios hospitalarios que deberán cumplir otros protocolos de eliminación;

d)	Quizás se podrían utilizar para la fabricación de tejidos humanos, compensando a la sociedad las molestias y gastos ocasionados por haber llegado en un momento inoportuno y al lugar inadecuado, a pesar de haber aparecido dónde y cuándo fueron llamados. Pero no sufráis pequeños, no habéis cometido ningún error, son otros los que cometen el error y el horror de cambiar de opinión respecto al momento en que de común acuerdo pusieron en marcha el proceso de fecundación, pero pueden hacerlo porque hay una ley que lo autoriza y financia, ¡y no es una ley cualquiera! ¡Que es una Ley Orgánica!, promovida por el Consejo de Ministros, votada y aprobada en las Cortes, firmada y sancionada por la Presidencia del Gobierno y por la Jefatura del Estado. Vamos, que podemos afirmar que es una ley con todas de la ley, gracias a la cual vuestro sacrificio no es inútil, pues vuestra muerte ha tenido lugar, además de respetando escrupulosamente la ley, reconociendo y acatando los derechos fundamentales de la mujer, en particular, su derecho al libre desarrollo de su personalidad, a la vida, a la integridad física y moral, a la intimidad, a la libertad ideológica y a la no discriminación.

Como veis, el sacrificio no ha sido inútil. Vuestro comportamiento generoso, altruista y valiente, os convierte en héroes y mártires, pero como último servicio se os pide que renunciéis a su público reconocimiento por respeto al derecho a la intimidad y por una especie de funambulismo no es que paséis al olvido, es como si nunca hubieseis existido. Pero la realidad es tozuda, para el cosmos habéis existido y estáis registrados. También estáis presentes en la memoria colectiva de mucha gente que piensa que el derecho a la vida de la madre no es incompatible con la vida del concebido, y que éste tampoco perjudica a la libertad, personalidad y autonomía de la madre. Una mujer, por el mero hecho de estar embarazada y de ser madre, no pierde la ciudadanía para ser esclava, lo que sí adquiere son muchas obligaciones y necesidades que la sociedad y el Estado deben cubrir.

En definitiva, el aborto no es solución de nada, al contrario, es un negocio donde todos pierden, unos más que otros, excepto el abortorio, que es el único beneficiario. Y da lo mismo que el aborto sea legal o ilegal, el final es tragedia para el concebido y drama para la madre. Y si el número de abortos es de cien mil, los dramas y tragedias se multiplican por este número, pero además es una masacre y una vergüenza para la sociedad que lo soporta.

Solo me queda deciros que hay personas que se han desgañitado pidiendo sentido común, sensibilidad y clemencia, pero la respuesta ha sido una ley que nada soluciona, pues hacer el aborto legal en nada cambia el hecho y sus consecuencias.

Podéis estar seguros que las mismas personas que han clamado por vuestra vida os seguirán defendiendo, pero ahora, dado que consideramos que la razón nos asiste y que el Derecho nos ampara, ha llegado el momento de pedir justicia.

Muerte digna para el concebido

Hay otra carencia muy llamativa en esta ley, aunque más que un vacío legal denota una falta de sensibilidad del legislador y consiste en no prever para el concebido ningún método de muerte digna mediante algún tipo de sedación o anestesia.

Desconozco la legislación en torno a esta materia de los países de nuestro entorno sociocultural, pero si lo tienen previsto, habría que imitarlos, y si no, tendríamos la oportunidad y el honor de ser pioneros en la humanización del aborto.

De todas maneras, cuesta comprender que hayan cometido un lapsus de este tipo pues esta ley es delicada hasta en el lenguaje, empezando por el título: *"De la interrupción voluntaria del embarazo"* en lugar de "aborto intencionado".

Menopausia, andropausia y tercera edad

Otra carencia de esta ley consiste en no hacer referencia a los fenómenos de la menopausia y de la andropausia, así como tampoco a la salud sexual de la tercera edad. Nada nuevo el olvido de nuestros mayores. Los viejos para lo que dan mucho juego es para programas y mítines electorales, y en los juegos florales de Parlamento.

Dado que la salud sexual tiene un componente físico, otro psicológico y otro social, si mejoramos el componente social mediante la percepción de pensiones dignas de un Estado del bienestar social que permitan además de vivir, practicar actividades culturales y de ocio, no cabe duda que mejorarían los elementos psicológico y físico y con ellos la salud sexual. ¿No merecemos esto los mayores?

Embarazos y abortos de niñas menores de 16 años

Otra laguna estrepitosa e imperdonable es el olvido de los embarazos y abortos de niñas menores de dieciséis años, pues ambos existen. Seguramente es un tema molesto; pero un político no se está solamente para cortar cintas y presidir festejos populares. No se comprende este olvido con las mujeres menores de dieciséis años en esta ley tan protectora de la mujer. Creo que en la ley se debería articular la obligatoriedad de la investigación de la paternidad con todas las garantías del respeto a la intimidad, para averiguar si la niña ha sido objeto de algún tipo de abuso sexual por parte de alguien con ascendencia sobre ella.

A tenor de lo expuesto, y por considerarlo de interés, transcribo el Art. 181 del Código Penal:

El que, sin violencia o intimidación y sin que medie consentimiento, realizare actos que atenten contra la libertad sexual de otra persona, será castigado como culpable de abuso sexual [...].

En todo caso, se considerarán abusos sexuales no consentidos los que se ejecuten:

1° Sobre menores de doce años.

[...]

Esto que dice el artículo está muy claro y explícito, pero lo que no escribe e implícitamente deja muy claro es que a partir de los doce años se puede dar el consentimiento válido a todo tipo de relaciones sexuales.

Partiendo de esta premisa, es lógico que a partir de esta edad existan embarazos y abortos, y por lo tanto debería tratarse adecuadamente en una ley cuyo título es: *"De la salud sexual y reproductiva y de la interrupción voluntaria del embarazo"*.

No quiero cerrar el tema sin resaltar la contradicción entre el Art. 181/2/1º del Código Penal, del que se desprende la capacidad para dar el consentimiento válido a todo tipo de relaciones sexuales a partir de los doce años de edad.

Es decir, una persona de doce años que ha mantenido una relación sexual con otra persona mayor de edad afirmando que la relación ha sido consentida, transforma lo que hubiera sido un delito en una relación normal y lícita. Esto contrasta con el Art. 19 del Código Penal:

"Los menores de dieciocho años no serán responsables criminalmente con arreglo a este Código".

No hay duda de que ambos se contradicen, dando lugar a una situación tan desconcertante como que a una persona de doce años se le concede la mayoría de edad sexual que le permite dar consentimiento válido a todo tipo de relaciones sexuales con personas mayores de doce años, sin límite de edad. Ahora bien, si esta misma persona de doce años u otra de hasta dieciocho años, mantiene estas mismas relaciones con un menor de dos, cuatro o seis años, se la considera inimputable por ser menor de dieciocho años y se le aplica la ley del Menor.

Otra situación contradictoria se da entre el Art. 15 de la ley 2/2010 en los apartados:

b. abortos por riesgo de graves anomalías en el feto;

c. abortos por anomalías fetales incompatibles con la vida.

Es decir, que el riesgo de anomalías del feto y las propias anomalías fetales son causas que justifican y priman el aborto, mientras que según el Art. 22/4 del Código Penal, cometer el delito por causa de la enfermedad o minusvalía se considera agravante de tipo discriminatorio:

<u>Art. 22/4 CP</u>:

"Son circunstancias agravantes: Cometer el delito por motivos racistas, antisemitas u otra clase de discriminación referente a la ideología, religión o creencias de la víctima, la etnia, raza o nación a la que pertenezca, su sexo u orientación sexual, o la enfermedad o minusvalía que padezca."

No regulación del aborto mediante sustancias químicas

Otra laguna que en mi opinión hay en esta ley es la no regulación del aborto mediante sustancias químicas. Del articulado de la ley no se desprende que se deben cumplir los mismos requisitos que se exigen para el aborto clínico-quirúrgico:

a)   Realizado y dirigido por un médico abortista;

b)   Centro homologado, que en este caso podría ser en régimen ambulatorio, si así lo estima el médico;

c)   Entrega de derechos;

d)   Cumplimiento del plazo de reflexión;

e)   Firma del consentimiento.

En la práctica, si mi información no es errónea, es la mujer quien accede libremente a las píldoras abortivas, adquiriéndolas en la farmacia sin necesidad de presentar receta médica, hecho que en sí mismo supone una grave imprudencia desde el punto de vista médico.

Desde el punto de vista jurídico se plantea una situación compleja:

1. Las píldoras abortivas adquiridas sin receta médica se van a utilizar normalmente para practicar un aborto, que al no seguir el protocolo de la ley 2/2010, constituirá un hecho delictivo regulado en el Art. 145 del Código Penal.

La posición que no queda nada clara es la del farmacéutico que dispensa la píldora, ya que se le puede considerar cómplice por su colaboración previa.

2. El farmacéutico puede alegar la eximente 7ª del Art. 20 del Código Penal:

"El que obre en cumplimiento de su deber o en el ejercicio de un derecho, oficio o cargo".

Ahora bien, esta defensa queda muy debilitada porque cuando el ejercicio de un derecho no beneficie a nadie, cual es el caso del aborto donde sólo hay damnificados, el concebido y la madre, estamos incurriendo en un caso claro de abuso de derecho que se puede producir aunque no exista un ejercicio abusivo del derecho.

Si además tenemos en mente que del ejercicio del derecho a la venta de la píldora abortiva, sin receta, se va a derivar con toda probabilidad la práctica de un aborto ilegal, lo que constituye un hecho delictivo, deja al farmacéutico en una posición muy vulnerable frente a la Justicia.

CONSECUENCIAS Y EFECTOS DE LA LEY

La aplicación de la ley 02/2010 provoca unas situaciones cuyas consecuencias y efectos no tienen nada de positivos ni de halagüeños:

1. Todos los concebidos vienen a este mundo con algo similar a una sentencia declarativa de muerte a ejecutar dentro del plazo de catorce semanas.

2. La única persona legitimada para pedir la ejecución de sentencia es la madre. ¡Vaya papelón! Una madre pidiendo la ejecución de su hijo, además de una manera cruel y humillante. Petición por escrito con fecha y firma, y confirmación firmada a partir del tercer día.

3. La persona capacitada para realizarlo debe ser médico abortista, transformando así al galeno en verdugo.

4. El concebido abortado sufre una doble discriminación:

    a. frente a los concebidos por las madres que sigan con el embarazo;

    b. frente a sus hermanos, mayores y menores, si los hubiera, y que en su día verán incrementada su herencia en la parte correspondiente a su hermano/a sacrificado/a, del cual generalmente nunca sabrán de su existencia y trágico final, lo que produce tristeza porque es, si cabe, una discriminación más cruel e injusta que la anterior.

Esto me lleva a la siguiente reflexión: el legislador considera el aborto un hecho normal, frecuente y positivo, por lo tanto merecedor y digno de ser protegido por la ley. Sin embargo, hay un sector significativo de la sociedad que lo rechaza por antinatural y nocivo. Hay otra parte de la sociedad que lo practica, pero lo esconde, de manera que nunca lo explicará a sus otros hijos. Debemos considerar que lo hace porque al contrario que el legislador, no lo considera ni normal, ni positivo, ni encuentra razones y fundamentos como para sentirse orgullosa del ejercicio de tal derecho.

¿No es este un caso claro en que el legislador actúa de espaldas a la sociedad?

Nos encontramos ante una ley que, pretendiendo ser moderna por progresista y creadora de derechos, resulta ser:

a)   discriminatoria para el concebido;

b)   humillante para la mujer;

c)   degradante para el profesional de la medicina.

Visto lo anterior, no alcanzo a comprender las muestras de alegría y la efusividad de abrazos grupales que manifestaron algunas Señorías al ser aprobada la funesta ley 02/2010.

El ejercicio de la interrupción voluntaria del embarazo, que es el derecho que esta ley regula y ampara, no acarrea ningún beneficio pero sí ocasiona perjuicios a todos los sujetos que intervienen en la situación originaria que la ley regula. Cuando se produce la fecundación del óvulo nace un nuevo ser que tiene derecho a la vida y a su desarrollo, naciendo unas relaciones que como hijo afectan a los padres, como ciudadano afectan al Estado y como ser humano afectan a la Humanidad.

De ahí que las consecuencias del ejercicio del derecho al aborto son:

1.   El concebido es sacrificado violentamente.

2.   La madre pierde un hijo, sufre una intervención quirúrgica y muy probablemente padecerá una crisis psico-
lógica post-aborto de duración e intensidad indeterminadas.

3.   El padre ninguneado, y muchas veces sin su consentimiento, perderá un hijo sin posibilidad de ejercer sus
derechos.

4.   El Estado se ve perjudicado en su demografía con la
pérdida de futuros ciudadanos.

Además, al dejar el aborto a libre decisión de la mujer,
supone una renuncia implícita del Estado a garantizar los
derechos de protección y defensa del concebido.

También esta ley involucra al Estado como autor del aborto
al facilitar la logística y financiación del mismo.

Cuando del ejercicio de un derecho solo se deriven perjuicios nos encontramos ante un caso de abuso de derecho.
El acto abusivo es conforme a un derecho concreto y respeta
los límites de éste; pero es contrario al Derecho considerado
en abstracto.

Según el jurista francés y destacado investigador en materia
de Derecho civil, Louis Josserand, se puede perfectamente
tener para sí tal derecho determinado y, sin embargo, tener
contra sí el Derecho entero.

Según el profesor y jurista belga Georges Cornil, esto ocurre
cuando partimos de un derecho imperfectamente definido,
que al hacer uso del mismo, aun respetando los límites que lo
definen, se produce un uso abusivo que traspasa los límites del
Derecho.

Cuando esto sucede es culpa de la ley que lo define, siendo
éste el defecto de nuestra ley Herodes 2/2010 puesto que
define un derecho que se opone al Derecho.

Esta ley que da la impresión que parte de un "principio
filosófico" inspirador, considera al embarazo como un hecho

natural, nocivo y perjudicial para la mujer, ya que supone un lastre para competir con el hombre en una sociedad como la actual, considerándolo por lo tanto un hecho injusto y discriminatorio por parte de la Naturaleza para con la mujer, siendo la razón y la ciencia quienes deben reparar esta injusticia mediante el reconocimiento del derecho al aborto libre y gratuito, que es de facto lo que la ley propugna y ampara aunque su formulación es muy retorcida y laberíntica.

Y esto sucede porque la descrita "filosofía informante" no aparece reflejada ni en el Preámbulo ni en el texto, y podría no ser por olvido sino porque el grupo promotor de la ley considera que la mayoría de ciudadanos no estamos suficientemente preparados y maduros para asimilar y comprender esta "filosofía".

De otra parte, cuando este proyecto de ley entra en el Parlamento, el aborto en España es un delito, habiendo tres casos excepcionales (ético, eugenésico y terapéutico) que están despenalizados.

Si añadimos que el aborto ha estado penalizado en el Fuero Juzgo, en las Partidas y en todos los Códigos Penales (CP de 1822, CP de 1858, CP de 1870, CP de 1928, CP de 1944, CP de 1963 y CP de 1995), podemos ver que a lo largo de la Historia y en toda clase de regímenes y gobiernos, el aborto ha sido considerado un delito grave.

En concordancia con el Derecho Penal están el Derecho Constitucional y el Derecho Civil, que reconocen y protegen el derecho a la vida (y otros derechos) del concebido.

Con estos antecedentes hay que reconocer que la misión de esta ley, que no es otra que la transformación del aborto delito en derecho al aborto libre y gratuito, es una misión difícil que acarrea problemas de todo tipo.

Para ello empieza por desterrar la palabra "aborto", que no aparece ni como delito, ni como derecho ni tan siquiera el concepto del mismo.

Veamos a continuación los derechos que la ley 2/2010 reconoce en su Art. 3:

1. En el ejercicio de sus derechos de libertad, intimidad y autonomía personal, todas las personas tienen derecho a adoptar libremente decisiones que afectan a su vida sexual y reproductiva sin más límites que los derivados del respeto a los derechos de las demás personas y al orden público garantizado por la Constitución y las Leyes.

2. Se reconoce el derecho a la maternidad libremente decidida.

Este derecho se desprende del párrafo 1° en el que implícitamente también se reconoce el derecho a la "paternidad libremente decidida", pero la ley escamotea el derecho de paternidad y discrimina al padre, ninguneándolo.

El modo y manera de ejercer el derecho a la maternidad libremente decidida nos lo ofrece la ley 2/2010 en su Art. 12, donde se garantiza el acceso a la interrupción voluntaria del embarazo, lo que inexorablemente lleva consigo un aborto, pero teniendo en cuenta que aquí el aborto es el medio necesario para el ejercicio del derecho a la libre decisión de la maternidad, por lo que pasa a ser un hecho normal protegido y financiado por el Estado.

Es decir, el legislador considera que en tiempos pasados el aborto era un fin en sí mismo y por ello estaba penalizado, pero en la sociedad de hoy como consecuencia de la realidad cambiante, el aborto es un medio necesario para el ejercicio de un derecho y por lo tanto merecedor de ser protegido y financiado.

Pero esta "ficción" no se sostiene porque en el aborto, como fin o como medio, los hechos son los mismos: la destrucción de un ser humano convirtiéndolo en basura orgánica que acabará en un vertedero, o en la cloaca, previo paso por la trituradora, y estos hechos no encuentran encaje ni justificación en nuestro sistema jurídico como veremos al estudiar la juridicidad de la ley.

Ni siquiera degradando al concebido, considerando que no es un ser humano, sino simplemente un ser vivo, teoría mantenida por la señora ministra ponente, dando por cierta esta teoría, debería respetar más la vida del concebido animal según el Art. 334 del Código Penal:

"[…] quienes realicen actividades que dificulten o impidan la reproducción […] serán castigados con la pena de seis meses a dos años."

La mujer titular del derecho a la maternidad libremente decidida también resulta damnificada ya que pierde un hijo, sufre una intervención quirúrgica y quedará traumatizada psicológicamente durante mucho tiempo, tal vez incluso de por vida.

Es decir, de momento, el ejercicio del derecho a la maternidad libremente decidida mediante una IVE nos ocasiona tres damnificados: el padre, la madre y el concebido, siendo especialmente grave para este último pues al pagar con la muerte resulta irreversible e irreparable.

También quedan perjudicados el Estado y la Humanidad, pero para determinar el alcance y gravedad del daño, antes quiero hacer un resumen recordatorio de los derechos del concebido recogidos en la *Declaración de los Derechos del Niño (1959)* y en la *Convención sobre los Derechos del Niño (1990)*, doctrinas ambas todavía vigentes en la actualidad:

DECLARACIÓN DE LOS DERECHOS DEL NIÑO (1959)

PREÁMBULO:

[...]

Considerando que el niño, por su falta de madurez física y mental, necesita protección y cuidados especiales, incluso la debida protección legal, tanto antes como después del nacimiento. Considerando que la necesidad de esta protección especial ha sido enunciada en la Declaración de Ginebra de 1924 sobre los Derechos del Niño y reconocida en La Declaración Universal de Derechos Humanos y en los convenios constitutivos de los organismos especializados y de las organizaciones internacionales que se interesan por el bienestar del niño. Considerando que la humanidad debe al niño lo mejor que puede darle.

La Asamblea General, proclama la presente Declaración de los Derechos del Niño a fin de que éste pueda tener una infancia feliz y gozar, en su propio bien y en bien de la sociedad, de los derechos y libertades que en ella se enuncian e insta a los padres, a los hombres y mujeres individualmente y a las organizaciones particulares, autoridades locales y gobiernos nacionales a que reconozcan esos derechos y luchen por su observancia con medidas legislativas y de otra índole, de conformidad con los siguientes principios:

[...]

2° El niño gozará de una protección especial [...]. Al promulgar leyes con este fin, la consideración fundamental a que se atenderá será el interés superior del niño.

[...]

4° [...] deberán proporcionarse, tanto a él como a su madre, cuidados especiales, incluso atención prenatal y postnatal.

[...]

8° El niño debe en todas las circunstancias figurar entre los primeros que reciban protección y socorro.

CONVENCIÓN SOBRE LOS DERECHOS DEL NIÑO (1990)

PREÁMBULO:

[...]

Recordando que en la Declaración Universal de Derechos Humanos las Naciones Unidas proclamaron que la infancia tiene derecho a cuidados y asistencias especiales;

[...]

Teniendo presente que la necesidad de proporcionar al niño una protección especial ha sido enunciada en la Declaración de Ginebra de 1924 sobre los Derechos del Niño y en la Declaración de los Derechos del Niño adoptada por la Asamblea General el 20 de Noviembre de 1959, y reconocida en la Declaración Universal de los Derechos Humanos, en el Pacto Internacional de Derechos Civiles y Políticos (en particular, en los artículos 23 y 24) en el Pacto Internacional de Derechos Económicos, Sociales y Culturales (en particular en el artículo 10) y en los estatutos e instrumentos pertinentes de los organismos especializados y de las organizaciones internacionales que se interesan en el bienestar del niño;

Teniendo presente que, como se indica en la Declaración de los Derechos del Niño, "el niño, por su falta de madurez física y mental, necesita protección y cuidados especiales, incluso la debida protección legal, tanto antes como después del nacimiento";

[...]

Art. 3

En todas las medidas concernientes a los niños que tomen las instituciones públicas o privadas de bienestar social, los tribunales, las autoridades administrativas o los órganos legislativos, una consideración primordial a que se atenderá será el interés superior del niño.

[...]

Art. 6

Los Estados Partes reconocen que todo niño tiene el derecho intrínseco a la vida.

[...]

Art. 12

Se dará al niño la oportunidad de ser escuchado, en todo procedimiento judicial o administrativo que afecte al niño, ya sea directamente o por medio de un representante o de un órgano apropiado.

[...]

Art. 24

1. Los Estados Partes reconocen el derecho del niño al disfrute del más alto nivel posible de salud [...].
2. Los Estados Partes asegurarán la plena aplicación de este derecho y, en particular, adoptarán las medidas apropiadas para:

[...]

asegurar atención sanitaria prenatal y postnatal apropiada a las madres.

[...]

De todo lo anterior se deduce que:

1.   La consideración de niño se adquiere en el momento de la concepción.

2.   Desde este mismo momento es acreedor de atención y cuidados especiales.

3.   Todas las medidas y leyes que conciernan a los niños deberán tener como prioridad el interés superior del niño.

4.   El niño siempre debe figurar ante los primeros en recibir protección y socorro.

5.   La mujer tendrá derecho a protección y cuidados especiales en atención a su estado de gestación o de maternidad.

6.   Desde la concepción el niño como ser humano que es, le corresponden todos los derechos y libertades que se recogen en la DUDH.

Otra víctima de la ley Herodes 2/2010 es el Estado, y lo es en una doble vertiente:

1. Como consecuencia directa del aborto:

    a. El Estado se ve perjudicado en su demografía ya que cada aborto supone la pérdida de un futuro ciudadano.

    b. También se ve perjudicado económicamente pues todos los abortos son a cargo del Estado, bien por llevarse a cabo en el sistema Nacional de Salud o por financiarse en abortorios homologados.

2. Como consecuencia de la propia ley:

a. El Estado hace dejación de funciones al renunciar tácitamente a su obligación de defender al concebido, permitiendo el atropello de los derechos humanos, no haciendo nada para que se le respete el derecho a la vida.

Por tanto, otro efecto particular de esta ley es que concede la legitimidad y la iniciativa para la solicitud del aborto única y exclusivamente a la mujer embarazada, encomendando al Estado la misión de aportar los medios y servicios que garantizan la práctica del aborto con las debidas condiciones sanitarias y con absoluto respeto a la intimidad de la madre gestante.

En este sentido, la Ley 2/2010 garantiza el acceso al IVE (Art. 12) con consentimiento expreso y por escrito de la mujer embarazada (Art. 13.3), correspondiendo a ésta el consentimiento a partir de los 16 años (Art. 13.4). La petición del IVE la realiza siempre la mujer embarazada, incluso cuando por razones médicas interviene un Comité Clínico, la decisión sobre la intervención es de la mujer (Art. 14, 15 y 16).

En resumen, la ley 2/2010 autoriza a la mujer embarazada a decidir libremente sobre su IVE (aborto), ordenando al Estado a pagar y poner los servicios necesarios para que se lleve a cabo con las debidas garantías sanitarias y de respeto a la intimidad.

Considerando que cada vez que se practica un aborto se están vulnerando:

I. DECLARACIÓN DE LOS DERECHOS DEL NIÑO

PREÁMBULO: El niño tiene derecho a protección legal antes y después de su nacimiento.

Principio 4 - Al niño se le debe dar atención prenatal y postnatal.

II. CONVENCIÓN SOBRE LOS DERECHOS DEL NIÑO

PREÁMBULO: El niño necesita protección y cuidados especiales, incluso la debida protección legal, tanto antes como después del nacimiento.

Art. 3   Interés superior del niño.
Art. 6   Todo niño tiene derecho intrínseco a la vida.
Art. 24.2.d) Atención sanitaria prenatal y postnatal.

III. DECLARACIÓN UNIVERSAL DE DERECHOS HUMANOS

PREÁMBULO: Considerando que el desconocimiento y el menosprecio de los derechos humanos han originado actos de barbarie ultrajantes para la conciencia de la humanidad.

Art. 3 Todo individuo tiene derecho a la vida.

Art. 7 Todos son iguales ante la ley y tienen, sin distinción, derecho a igual protección contra toda discriminación que infrinja esta Declaración y contra toda provocación a tal discriminación.

Art. 24.2 La maternidad y la infancia tienen derecho a cuidados y asistencia especiales.

Art. 30 Nada en la presente Declaración podrá interpretarse en el sentido de que confiere derecho alguno al Estado, a un grupo o a una persona, para emprender y desarrollar actividades o realizar actos tendentes a la supresión de cualquiera de los derechos y libertades proclamados en esta Declaración.

Así pues, de la lectura de los textos anteriores se desprende:

1.   El derecho al aborto no está reconocido en ninguno de los textos citados (Declaración de los Derechos Humanos, Declaración de los Derechos del Niño y Convención sobre los Derechos del Niño).

2.   Tanto el concebido como el niño son sujetos que merecen atención y cuidados especiales.

3.   El desconocimiento y el desprecio de los derechos humanos han originado actos de barbarie ultrajantes para la conciencia de la humanidad.

4.   El Estado participa activamente en la práctica de los abortos por encomienda directa de la ley.

El Sistema Nacional de Salud debe garantizar el servicio libre y gratuito sin ningún tipo de restricción ni discriminación para con las solicitantes.

Pero el Estado, que juega un papel importante, sabiendo que es una materia delicada y grave, y sobre todo dada la magnitud del fenómeno ABORTO, no descarta que un día se cree un Tribunal Especial Internacional, y pensando en ello, la redacción de la ley 2/2010 es muy difusa pero está muy cuidada para que, llegado el caso, quede muy claro quién es quién y qué papel ha jugado cada uno.

Para empezar, la ley 2/2010 concede a la mujer un derecho subjetivo opcional a "la libre decisión de la maternidad", y para ello dicha ley nos conduce por un recorrido disperso y tortuoso donde habla de anticonceptivos. Sin embargo, la cuestión nuclear está en el caso de la mujer embarazada, que pasa desde el derecho a la libre decisión de la maternidad al aborto prácticamente libre del Art. 145 bis del CP.

Pero en este recorrido queda muy claro que:

a. La mujer es quien solicita el aborto.

b. El Estado le impone un plazo de tres días, entregándole con acuse de recibo una relación escrita de las ayudas y derechos que le corresponden en caso de seguir adelante con el embarazo.

c. A partir del tercer día puede pedir la intervención mediante solicitud firmada.

Es decir, que ante la eventualidad de acabar enfrentándose a un Tribunal, el Estado presenta un comportamiento paternalista, obligando a reflexionar a la mujer que solicita el aborto y ofreciéndole unas ayudas (ESCASAS) si decide continuar con el embarazo.

Si la mujer opta por el aborto, el Estado aporta la logística a modo de servicio social y en evitación de malas prácticas que acarreen riesgos innecesarios.

Dos precisiones:

1. En el caso de mujeres de 16 y 17 años, aunque el consentimiento es a ellas a quienes corresponde darlo, al menos el padre, o la madre, o tutor, o representante legal, deben ser informados de la decisión. Sin embargo, tal como establece la propia ley, se puede justificar la no información de dicha decisión: *"Se prescindirá de esta información cuando la menor alegue fundadamente que esto le provocará un conflicto grave, manifestado en el peligro cierto de violencia intrafamiliar, amenazas, coacciones, malos tratos, o se produzca una situación de desarraigo o desamparo"*. Esto abre la puerta para que muchos abortos residan en el desconocimiento de aquellos quienes son responsables de las menores y que, por tanto, debieran ser obligatoriamente informados.

2. Las solicitudes de aborto deben estar firmadas, quedando muy claro el papel de cada uno y fácil de demostrar.

El otro sujeto que participa en el aborto junto a la mujer es el médico. En realidad es él quien lo ejecuta, y la ley establece sus cautelas para que quede claro que lo protege y ampara, pero que no le obliga a realizarlo pues le permite la objeción de conciencia con lo que nunca podrá aducir la obediencia debida a la ley ni la obligatoriedad del sistema caso de tener que enfrentarse a alguna querella ante los tribunales. Queda muy claro que tanto la ley 2/2010 como el Estado protegen, amparan y ayudan, pero en ningún caso obligan, aunque la postura del Estado deja mucho que desear por su pasividad ante la más que posible violación de los derechos humanos del concebido.

En consecuencia, la figura que queda muy mal tratada por la ley es la del médico:

1.   Porque es un contrasentido que quién está preparado para curar y salvar vidas sea el responsable de matar.

2.   La ley propicia un protocolo de actuación que podría asimilarse al que reproduzco a continuación:

"Doctor, estoy embarazada y vengo a abortar. Me gustaría que me lo hiciera mediante el método de aspiración, pues de todos los que me han indicado en la oficina de información éste es el que más me gusta."

Es decir, la paciente emite el diagnostico y prescribe su tratamiento, cuando lo normal sería que el médico interrogase a la paciente sobre los síntomas que presenta, procediese a una revisión, solicitando tal vez alguna analítica, y con los resultados emitiese el diagnóstico, siendo lo correcto que sea el doctor quien recomiende el tratamiento más adecuado según su leal saber y entender. Que si considera que lo mejor para la salud física, mental, sexual y reproductiva de la paciente es continuar con el embarazo, no hay nada ni nadie, persona ni ley, que tenga autoridad moral para imponerle un tratamiento diferente o contrario al que le dicta su ciencia y conciencia. Si eso sucede, conlleva un desprecio de la persona y vida del paciente y un atropello a la dignidad y persona del médico.

Cuando un médico trabaja con un paciente no hay persona ni autoridad (ajenas a la profesión) que tengan autoridad moral para imponerle un determinado proceder y tratamiento. Cuando la ley y la autoridad, sin el debido respaldo moral, imponen una conducta, caen en un comportamiento digno de un estado dictatorial.

La cuestión es si la ley Herodes 2/2010 es una ley autoritaria en lo referente a esta materia que estamos tratando. Aparentemente no, ya que permite la objeción de conciencia, pero si se permite la objeción es porque antes la propia ley ha declarado obligatorio la práctica del aborto por parte de los médicos, siendo esta última una conducta dictatorial. No hay persona ni ley que tenga autoridad moral para imponerle a un médico el tratamiento de un paciente y menos de una manera teórica, global y anticipada. El legislador autoriza a futuro y para quien proceda que el aborto es el tratamiento adecuado para acabar con el embarazo no deseado, siendo la madre quien decidirá cómo y cuándo. ¿Y el médico qué pinta? Nada, le viene todo dado por ley pero de una manera indirecta.

Bajo el amparo de esta ley se realizarán probablemente alrededor de 100.000 abortos al año. Pues bien, en todo el articulado de la ley desde el Art. 1 al Art. 23 no aparece definido ni reconocido expresamente el derecho al aborto, ni siquiera aparece la palabra aborto una sola vez en el articulado. Sí aparece al principio en el PREÁMBULO y al final en la Disposición que se refiere a los Art. 145 y 145 bis del CP.

El objetivo de la ley es el aborto prácticamente libre realizado por un médico para mujeres a partir de dieciséis años. Estudiemos el recorrido:

Art. 2 Se reconoce el derecho a la maternidad libremente decidida.

Art. 12 Se garantiza el acceso a la interrupción voluntaria del embarazo en las condiciones que se determinan en esta ley.

Art. 13 Requisitos comunes:
1. Practicada por un médico especialista.
2. Centro sanitario acreditado.
3. Consentimiento firmado.

Art. 14 Interrupción del embarazo antes de la semana catorce de gestación, para lo que se requiere:
a. información de derechos
b. plazo de reflexión

Art. 15 Interrupción causas médicas. Requisitos:
a. antes de la semana veintidós
b. informe de un Comité Clínico

Disposición final primera – Se añade el Art. 145 bis del CP:

Art. 145 bis
1. Será castigado con la pena de multa de seis a doce meses e inhabilitación especial para prestar servicios de toda índole en clínicas, establecimientos o consultorios ginecológicos, públicos o privados, por tiempo de seis meses a dos años, el que dentro de los casos contemplados en la ley, practique un aborto:
a) sin haber comprobado que la mujer haya recibido información previa relativa a los derechos, prestaciones y ayudas públicas de apoyo a la maternidad;

b) sin haber transcurrido el período de espera contemplada en la legislación;

c) sin contar con los dictámenes previos preceptivos;

d) fuera de un centro o establecimiento público o privado acreditado.

En este caso, el juez podrá imponer la pena en su mitad superior.

2. En todo caso el juez o tribunal impondrá las penas previstas en este artículo en su mitad superior cuando el aborto se haya practicado a partir de la vigésima segunda semana de gestación.

3. La embarazada no será penada a tenor de este precepto.

De todo lo anterior se desprende que el único requisito imprescindible para que el aborto sea legal es que sea practicado por un médico especialista, por lo que la actuación del médico es legal. PERO no conviene olvidar que el derecho al aborto no está reconocido en la *Declaración Universal de Derechos Humanos,* ni en la *Declaración de los Derechos del Niño,* ni en la *Convención sobre los Derechos del Niño,* donde sí se reconocen derecho de atención sanitaria y cuidados especiales tanto al concebido como a la madre embarazada, por lo que al practicar un aborto se pueden estar vulnerando los Derechos Humanos, cuestión especialmente grave tratándose de un médico y del derecho a la vida. Es decir, que según los principios de Naciones Unidas, la mera actuación que procede por parte del médico ante una embarazada es la de prestarle asistencia sanitaria al hijo y a la madre.

Volvamos al recorrido de la ley y estudiemos los puntos débiles que presenta hasta llegar a la meta, que no es otra que el derecho al aborto libre:

Art. 3.2 – Derecho a la maternidad libremente decidida.

Art. 12, 13, 14 y 15 – Garantizan el acceso al IVE y establecen los requisitos.

Disposición final primera – Art. 145 bis del CP: aborto libre practicado por un médico.

El derecho a la maternidad libremente decidida como tal no está formulado en la Constitución de 1978 ni en la DUDH, pero no hay nada que objetar ya que lo podemos considerar como una consecuencia o manifestación del derecho a la libertad de la persona. Ahora bien, cuando la ley justifica el aborto por respeto al ejercicio del derecho a la maternidad libremente decidida, estamos cometiendo un abuso de derecho como consecuencia del ejercicio abusivo de un derecho que no respeta los límites de los derechos de los demás.

Cuando una mujer practica el coito vaginal está ejerciendo su derecho a la libre decisión de la maternidad; está manifestando que quiere ser madre y libremente pone los medios para conseguirlo. ¿Puede cambiar de opinión? Claro que sí, siempre que no esté embarazada, porque si ello ocurre, ejercer su derecho de libre maternidad mediante el aborto supone no respetar los derechos de un tercero de buena fe, lo cual prohíbe el derecho y la propia ley 2/2010 recoge en su Art. 3.1.

El atropello que esto supone lo veremos muy claro con el siguiente propuesto:

En el Art. 19 de la Constitución y en el Art. 13 de la DUDH se reconoce el derecho de libertad de residencia. Supongamos que un ciudadano, haciendo uso de su libertad de residencia, decide fijarla en Alicante, calle de Italia, edificio Dominó, planta 0. Sin embargo, la planta 0 del edificio Dominó sito en la calle Italia de la ciudad de Alicante la tiene alquilada la familia Fernández, teniendo fijada allí su residencia habitual.

Ante esta situación nuestro ciudadano tiene dos posibilidades de reaccionar:

1. Reconociendo y respetando los derechos de la familia Fernández.

2. Eliminando a la familia Fernández y ocupando su vivienda, pues nuestro ciudadano se considera poseedor de un derecho omnímodo reconocido en la Constitución y en la DUDH. Evidentemente, aquí se produce un abuso de derecho como consecuencia del ejercicio abusivo de un derecho. Obviamente, nadie pone en duda que nuestro ciudadano acabará sancionado por su acción.

Pero pensamos que una situación así no es imaginable ni en la peor de las pesadillas, aunque tal vez podría servir de argumento para una película de terror.

Si consideramos así estamos profundamente equivocados, y si no, veamos la interpretación que hace la ley Herodes 2/2010 del ejercicio del derecho a la libre decisión de la maternidad. Uno piensa que hechos normales derivados de este derecho podrían ser tales como la selección de compañero progenitor, programación del evento, preferiblemente de mutuo acuerdo, condicionándolo a circunstancias tales como finalización de estudios, trabajo estable, entrega de un piso adecuado etc. y mientras tanto podrán usar y disfrutar del sexo, teniendo para ello al Sistema Público de Salud que les asesorará debidamente.

Sin embargo, el Ejecutivo español, haciendo una interpretación laxa del ejercicio del derecho a la libre decisión de la maternidad, justifica el aborto en función de aquel derecho, y para ello se elabora, aprueba y promulga la ley 2/2010 con el fin de garantizar y financiar el aborto justificándolo en el derecho a la libre decisión de la maternidad.

Siguiendo el recorrido del derecho al aborto a través del articulado de la ley 2/2010, nos encontramos que en los Art. 12, 13,14, 15 y 16 se da por hecho el derecho al acceso de la interrupción voluntaria del embarazo.

En el Art. 12 se justifica el IVE *"en la protección de los derechos fundamentales de la mujer, en particular, su derecho al libre desarrollo de la personalidad, a la vida, a la integridad física y moral, a la intimidad, a la libertad ideológica y a la no discriminación."*

Hay que ser cínico para afirmar que estos valores peligran tanto por el embarazo como por la posterior maternidad. Aquí el único derecho que se desprecia y viola mediante el IVE es el derecho a la vida del concebido.

Tanto el embarazo como la maternidad aportan satisfacciones y derechos, y también acarrean molestias y obligaciones que tienen consecuencias económicas que el Estado está obligado a atender según mandato constitucional (Art. 39 – Protección a la familia y a la infancia) y también mandato de la ONU en la DUDH (Art. 16.3 – Protección a la familia y Art. 25.2 – Protección de la maternidad e infancia), igualmente en la *Declaración de los Derechos del Niño* de 1959 en el Preámbulo y los Principios 4 y 6 (se exige protección prenatal y postnatal al niño y a la madre así como ayudas a la familia).

En el mismo sentido, *la Convención Derechos del Niño* de 1990 donde toda ella trata de los derechos y protección del niño y de los padres. Me permito destacar el párrafo 9 del Preámbulo (el niño necesita protección y cuidados especiales, incluida la protección legal, antes y después del nacimiento), así como los Art. 6.1 (derecho a la vida), Art. 18 (Obligaciones de los padres y del Estado), Art. 23 (Desautoriza totalmente el aborto por causas médicas, enfermedad y deformaciones fetales – Art. 15.b) y c) de la ley 2/2010) y Art. 24.2.d), donde dice lo mismo que en el párrafo 9 del Preámbulo extendiendo los derechos del niño a la época prenatal.

Es decir, el Estado debería aumentar las ayudas a la maternidad y la familia, equiparándolos a los países de nuestro entorno geográfico, sociocultural y económico.

Este bloque de artículos constituye el núcleo de la ley pues ahí se reconoce y garantiza el derecho al aborto, siendo la causa la protección y eficacia de los derechos fundamentales de la mujer.

Esto no es creíble, el embarazo no hace peligrar ningún derecho de la mujer. A lo sumo podría dificultar, de forma transitoria, el ejercicio de alguno de ellos.

Si lo analizamos fríamente, esta pequeña intromisión en los derechos de la mujer no justifica el derecho al aborto, y menos aún si pensamos que estamos contraviniendo disposiciones de las Naciones Unidas tales como la DUDH o la *Declaración de los Derechos del Niño*, de las que además somos país firmante.

Si tenemos en cuenta que al contravenir disposiciones de la ONU el legislador está corriendo un riesgo, y por otra parte el precio que se paga por el derecho al aborto es muy alto (el sacrificio de un ser humano), deben existir razones muy poderosas que a juicio del legislador justifican el reconocimiento del derecho al aborto.

Podría ocurrir que tanto el grupo ideológico promotor de la ley como el legislador sean partidarios de algún tipo de filosofía en la que se contempla que el embarazo es un hecho injusto y discriminatorio de la Naturaleza para con la mujer, y que la inteligencia, la razón y la ciencia subsanan mediante el derecho al aborto. Pero este es el primer paso de un camino peligroso para la Humanidad en el que se pretende sustituir el método natural de reproducción por otro diseñado por la ciencia en el que desaparezca el embarazo y se solicite a la carta no ya el embrión, que puede no ser necesario por utilizarse otros procedimientos de reproducción, sino individuos de unas determinadas características, algo así como el que compra un determinado modelo de coche o de televisor.

Esto que no acaba aquí sino que nos lleva mucho más lejos, y este no es lugar para tratarlo aquí. Pero sí quiero decir que esto exige unos cambios en la sociedad y el individuo que ya se están produciendo.

Si solicitamos individuos sobre encargo estamos convirtiendo al hombre en un objeto que sirve para lo que sirve, lo que supone un desprecio de la vida en el sentido que hoy le damos. ¿Y qué suponen el aborto o la eutanasia? Pues un desprecio de la vida ya que el individuo que molesta por inoportuno o por viejo o enfermo, se elimina.

Otra institución que sobra es la familia, siendo difuminada, considerándola como una agrupación de individuos unidos por intereses o sentimientos comunes.

Igualmente pasa con el padre y la madre que ya han sido sustituidos por "progenitor a y b".

En la Disposición final primera se incorporan el Art. 145 del CP (nueva redacción) y se añade un nuevo artículo, el 145 bis, que leídos ambos, supone en la práctica el pleno reconocimiento del derecho al aborto libre, pues todos los requisitos de los Art. 12 al 17 quedan perfectamente prescindibles.

LEY HERODES 2/2010 – INAPLICABILIDAD

Esta ley que formalmente cumple todos los requisitos para su validez, estando por ello vigente, sin embargo, choca de tal manera con el Derecho y con el ordenamiento jurídico, que en buena práctica jurídica esta ley resulta de imposible aplicación.

Legitimidad de la mujer embarazada

Según la ley, la persona legitimada para solicitar y disfrutar del derecho al aborto es la mujer embarazada.

Si tenemos en cuenta que el embarazo es la consecuencia de una fecundación artificial o de un acto sexual consentido, ambos presuponen la realización y perfeccionamiento de un contrato previo.

Esta situación la hemos estudiado en uno de los capítulos anteriores, habiendo llegado a la conclusión de que a esta situación le es aplicable la legislación sobre contratos y obligaciones del CC Art. 1091, 1254, 1256, 1258 y 1278.

Resumiendo, del cumplimiento de los contratos se derivan consecuencias y obligaciones que tienen fuerza de ley entre las partes y que por ello son irrenunciables.

El embarazo es la consecuencia directa de la fecundación artificial o natural, presuponiéndose que han sido libremente consentidas por las partes. El tercero de buena fe, el concebido, tiene una serie de derechos reconocidos por el ordenamiento jurídico.

Tengamos en cuenta que el concebido es un ser que desde el momento de la concepción hasta la mayoría de edad únicamente tiene derechos, siendo a partir de este momento cuando alcanzará la plena ciudadanía, disfrutando de todos los derechos y estando sujeto a cumplir todas las obligaciones. Es decir, a partir de la mayoría de edad el Estado cuenta con un ciudadano que participará y contribuirá durante toda su vida al mantenimiento y funcionamiento del Estado.

Esto no es un acto gratuito o de generosidad del ciudadano sino que se lleva a cabo como justa correspondencia a la labor que el Estado realiza, garantizando la vida y desarrollo de la misma de todos los seres humanos desde el momento de la concepción hasta la mayoría de edad.

Además hay que tener en cuenta el origen de la relación entre los padres y el concebido, pues éste no ha aparecido en la fiesta por generación espontánea, ni de polizón, sino que ha sido invitado a la misma, y como tal ha de ser reconocido y tratado, teniendo para ello al ordenamiento jurídico que lo reconoce y ampara.

Además de todo el articulado sobre contratos, de donde nacen las obligaciones frente al concebido, éste y sus derechos se encuentran reconocidos y protegidos en numerosos artículos del ordenamiento jurídico. Una pequeña muestra, pero significativa, son:

CC Art. 29 - *"El nacimiento determina la personalidad; pero el concebido se tiene por nacido para todos los efectos que le sean favorables,[...]."*

Constitución, Art. 15 - *"Todos tienen derecho a la vida [...]."*

CP Art. 144 a 146 – Penalización del aborto.

De lo anterior se desprende que la mujer embarazada no está legitimada para solicitar el derecho al aborto que la ley 2/2010 le brinda porque es un derecho subjetivo, opcional y por lo tanto renunciable (CC Art. 6/2), y la mujer embarazada tiene obligaciones contractuales frente al padre y frente al concebido que son irrenunciables y predominantes sobre el derecho al aborto.

Tampoco puede la mujer embarazada solicitar un IVE (=aborto) apoyándose en el derecho a libre decisión de la maternidad, pues debido a la finalidad y objeto del mismo comete un abuso de derecho (CC Art. 7/2). Dado que la mujer embarazada queda deslegitimada por el Derecho vigente para solicitar el aborto, la ley 2/2010 queda vacía de contenido y el aplicarla ignorando la realidad es estar actuando en fraude de ley.

Límites del ejercicio de los derechos

Esta ley también es inaplicable como consecuencia de su Art. 3.1:

"En el ejercicio de sus derechos de libertad, intimidad y autonomía personal, todas las personas tienen derecho a adoptar libremente decisiones que afectan a su vida sexual y reproductiva sin más límites que los derivados de las demás personas y al orden público garantizado por la Constitución y las leyes".

La redacción de este artículo parece inspirada en la DUDH Art. 29.2:

"En el ejercicio de sus derechos y en el disfrute de sus libertades, toda persona estará solamente sujeta a las limitaciones establecidas por la ley con el único fin de asegurar el reconocimiento y el respeto de los derechos y libertades de los demás, y de satisfacer las justas exigencias de la moral, del orden público y del bienestar general de una sociedad democrática".

Sin embargo, hay una diferencia significativa en la redacción de los mismos:

Art. 3.1 – Ley 2/2010: habla de *"Ejercicio de derechos de todas las personas"* y de *"Respeto a los derechos de LAS DEMÁS PERSONAS".*

Art. 29.2 – DUDH: habla de *"Ejercicio de derechos de toda persona"* y de *"Respeto a los derechos de los DEMÁS".*

La diferencia es significativa pues lo que se pretende es negar al concebido el derecho a la vida al no reconocerle la categoría de *persona*, y esto es lo que sucede con la ley Herodes 2/2010. El artículo 3/1 abre la puerta al aborto voluntario, libre y gratuito que acaba materializándose en la Disposición final primera mediante los artículos:

CP Art. 145 (Nueva redacción)
CP Art. 145 bis (Añadido)

Artículos ambos donde no importa la vida del concebido y por lo tanto no se protege. Las penas se imponen por incumplimiento de requisitos formales.

Ahora bien, tanto el Art. 3 como el cap. I del Título II de la ley 2/2010 (Condiciones de la interrupción voluntaria del embarazo) contradicen algunos artículos de la Constitución de 1978 así como los principios informantes de la misma. En el Art. 15 de la Constitución se dice *"Todos tienen derecho a la vida [...]"*.

La palabra "todos" se introdujo en sustitución de "todas las personas" mediante enmienda presentada por el diputado de Alianza Popular Sr. Mendizábal apoyado por el grupo de UCD, y esto se hizo por dos razones:

Para incluir al concebido no alumbrado.

Para evitar que en el futuro el legislador ordinario pudiese introducir el derecho al aborto.

Esto puede leerse en el Diario de Sesiones (Sesión No. 34), dejando muy claro cuál fue la voluntad del Constituyente.

En el Art. 10 de la Constitución se recoge que:

La dignidad de la persona, los derechos inviolables que le son inherentes, el libre desarrollo de la personalidad, el respeto a la ley y a los DERECHOS DE LOS DEMAS son fundamento del orden político y de la paz social.

Las normas relativas a los derechos fundamentales y a las libertades que la Constitución reconoce se interpretarán de conformidad con la Declaración Universal de Derechos Humanos.

En la DUDH vemos que aparece la palabra "persona" cuando la situación lo requiere:

Art. 11 - Toda *persona* acusada de delito [...].

Art. 13 - Toda *persona* tiene derecho a circular libremente [...].

Art. 18 - Toda *persona* tiene derecho a la libertad de pensamiento [...].

Art. 20 - Toda *persona* tiene derecho a la libertad de reunión
[…].

Y en otras muchas como derecho a la educación, al trabajo, al descanso, a la sindicación etc. Todos estos derechos exigen que el titular sea una *persona*.

Sin embargo, cuando se trata de situaciones o derechos que afectan también al concebido, se utilizan otras expresiones:

<u>DUDH – Preámbulo</u>:

"Considerando que la libertad, la justicia y la paz en el mundo tienen por base el reconocimiento de la dignidad intrínseca y de los derechos iguales e inalienables de TODOS LOS MIEMBROS de la familia humana".

<u>Art. 1</u> *TODOS LOS SERES HUMANOS nacen libres e iguales en dignidad […].*

<u>Art. 3</u> *TODO INDIVIDUO tiene derecho a la vida […].*

<u>Art. 7</u> *TODOS son iguales ante la ley y tienen, sin distinción, derecho a igual protección de la ley. […].*

Vemos que tratándose de derechos como la dignidad, igualdad, libertad, derecho a la vida y protección de la ley, derechos todos ellos de los que el concebido es titular, la "persona" es sustituida por expresiones tales como TODOS, TODO INDIVIDUO y TODOS SERES HUMANOS.

Visto lo anterior debemos concluir que la redacción del Art. 3.1 (ley 2/2010) parece incorrecta pues allí donde dice "… *sin más límites que los derivados del respeto a los derechos de las demás personas…*" debería decir *"respeto a los derechos de TODOS LOS*

DEMAS" en concordancia con la redacción de la Constitución Española y de la Declaración Universal de Derechos Humanos.

No obstante, dado que el concebido todavía no alumbrado es titular del derecho a la vida (no hay ninguna norma que diga lo contrario), le afecta la Constitución en bloque, pues con el paso del tiempo se irán dando las circunstancias en que pueda tanto ejercitar los derechos como cumplir las obligaciones que están contenidos en la Constitución.

Respeto y protección de derechos fundamentales de la mujer

La ley Herodes 2/2010 no niega explícitamente el derecho a la vida del concebido pero sí lo hace implícitamente al autorizar el aborto voluntario, justificándolo en el respeto y protección de derechos fundamentales de la mujer tales como el derecho al libre desarrollo de la personalidad, a la vida, a la integridad física y moral, a la intimidad, a la libertad ideológica y a la no discriminación:

Art. 12 - *"Se garantiza el acceso a la IVE en las condiciones que se determinan en esta Ley. Estas condiciones se interpretarán en el modo más favorable para la protección y eficacia de los derechos fundamentales de la mujer que solicita la intervención, en particular, su derecho al libre desarrollo de la personalidad, a la vida, a la integridad física y moral, a la intimidad, a la libertad ideológica y a la no discriminación."*

El derecho al libre desarrollo de la personalidad está garantizado en el Art. 10.1 de la Constitución que curiosamente precede al "respeto a la ley y a los derechos de los demás". Recordémoslo:

<u>Art. 10.1</u>
"La dignidad de la persona, los derechos inviolables que le son inherentes, el libre desarrollo de la personalidad, el respeto a la ley y a los derechos de los demás son fundamentos del orden político y de la paz social."

En este contexto de inaplicabilidad de la ley Herodes 2/2010 también hay otros artículos de la Constitución Española que merecen ser mencionados:

<u>Art. 27.2</u>
"La educación tendrá por objeto el pleno desarrollo de la personalidad humana [...]".

¿Cómo puede dificultar el embarazo el desarrollo de la personalidad? ¿Acaso las madres de uno o varios hijos son necesariamente personas sin formación, criterio ni personalidad? Personalmente creo más bien lo contrario, que la maternidad refuerza el carácter y la personalidad de la mujer.

<u>Art. 15</u>
"Todos tienen derecho a la vida y a la integridad física y moral [...]".

Aquí se garantizan tanto los derechos de la madre como los del concebido sin que esto suponga ningún problema ya que los derechos de ambos son compatibles. Tal vez conlleve más riesgo para la vida de la madre el hecho de abortar que el continuar con el embarazo.

<u>Art. 16</u>
1. Se garantiza la libertad ideológica [...].
2. Nadie podrá ser obligado a declarar sobre su ideología [...].

No hay manera de encontrar razón alguna para justificar el aborto en función del derecho a la libertad ideológica.

<u>Art. 14</u>

"Los españoles son iguales ante la ley, sin que pueda prevalecer discriminación alguna por razón de nacimiento, raza, sexo, religión, opinión o cualquier otra condición o circunstancia personal o social".

De la propia redacción se desprende taxativamente que ninguna circunstancia personal o social puede influir en el ejercicio de este derecho por lo que ni el concebido ni el embarazo interfieren o dificultan el ejercicio de este derecho.

Visto la anterior queda claro que los derechos relacionados en el Art. 12 de la ley 2/2010 están recogidos y garantizados en la Constitución sin que el concebido amenace o violente ninguno de ellos, por lo que no pueden servir de justificación para el derecho al aborto.

Evidentemente, tanto el embarazo como la posterior maternidad pueden acarrear unas molestias pero también llevarán consigo otras ventajas y derechos.

Aborto por causas médicas

Quiero dedicarle especial atención al Art. 15 de la ley 02/2010 (Interrupción por causas médicas), pues es un saco donde se mezclan casos diferentes con muchos requisitos que si no se cumplen no pasa nada grave, pero que se presta a confusión, por lo que vamos a desgranar cada caso.

Lo primero que hay que constatar es que el derecho al aborto por causas médicas, aparte de la ley Herodes 2/2010, no está reconocido en el ordenamiento jurídico, ni en la Constitución, ni en la DUDH.

El Art. 15 establece los siguientes supuestos:

a. Grave riesgo para la vida o la salud de la embarazada. No es lo mismo riesgo para la vida que para la salud:

1. Riesgo para la vida – En esta situación será el médico quien expondrá cual es la posibilidad de actuación. Si solo hay una, lógicamente será la adoptada. Si hay varias posibilidades se analizarán los riesgos y será la mujer, si está consciente y lúcida, o en su defecto la familia, quien decida. En definitiva, se trata de una situación clínica como puede ser amputar o no un miembro, que el sentido común y la ciencia decidirán.

2. Riesgo para la salud – Debe predominar siempre el derecho a la vida del concebido pues es un derecho inviolable, y no respetarlo lleva consigo consecuencias irreparables, mientras que el riesgo para la salud podrá ser tratado mediante la asistencia sanitaria prevista en la propia ley 2/2010 Art. 7 y 17.

b. Riesgo de graves anomalías en el feto.

c. Anomalías fetales incompatibles con la vida.

Si esto es así (supuesto c) tendrá lugar un aborto espontáneo consecuencia de la muerte natural del feto, y si ello no sucede nos encontraremos en el caso del apartado b.

En este caso (feto con riesgo de graves anomalías) ni la Constitución, ni la DUDH reconocen el derecho al aborto, así como tampoco la *Declaración de los Derechos del Niño* de 1959 ni la *Convención sobre los Derechos del Niño* de 1990 donde sí se reconoce la obligatoriedad de la asistencia integral (sanitaria, económica y social). Es decir, el Estado, además de proteger la vida debe velar por la salud, desarrollo e integración del mismo en la sociedad:

- *Convención sobre los Derechos del Niño* – Art. 2.1, Art. 6, Art. 23
- *Declaración de los Derechos del Niño* – Principios 4 y 5

Hay que recordar que se considera al niño desde el momento de la concepción:

- *Convención sobe los Derechos del Niño* – Preámbulo, Art. 1, Art. 24.2.d)

Incompatibilidad jurídica

Existen razones jurídicas que se oponen a la aplicación de la ley Herodes 2/2010:

1. Art. 29 CC - El concebido tiene todos los derechos que le favorezcan.

2. Art. 15 de la Constitución – Derecho a la vida.

3. La mujer embarazada no puede solicitar el derecho al aborto porque a partir de la fecundación del óvulo está sujeta a obligaciones contractuales que predominan sobre el derecho opcional al aborto que la ley 2/2010 propugna.

4. La mujer embarazada no puede invocar el Art. 3.2 de la ley 2/2010, donde se reconoce el derecho a la maternidad libremente decidida, por las siguientes razones:

a. Este derecho lo ejerció al solicitar y aceptar la fecundación artificial o natural. La petición de aborto constituye un cambio de criterio del derecho a decidir, provocando daños irreparables a terceros de buena fe, lo que constituye un abuso de derecho.

b. Igualmente hay abuso de derecho por parte de la embarazada que decide ejercer este derecho por el objeto del mismo, que causa daños irreparables a terceros y significa la muerte del concebido (Art. 7 CC).

5. El Art. 12 de la ley 2/2010 justifica el aborto en la protección de una serie de derechos que enumera, estando todos ellos recogidos y amparados en la Constitución, sin que la vida y desarrollo del concebido ponga en peligro o

viole alguno de ellos. Este Art. 12 no sirve de fundamento y justificación del derecho al aborto.

6. El Art. 3.1 de la ley 2/2010 dice que en el ejercicio de los derechos hay que respetar los derechos de los demás. Paradójicamente, esta ley:

    a. No respeta la vida del concebido.

    b. No respeta los derechos del padre.

    c. No respeta los derechos de la Humanidad.

    d. Causa daños a la madre y al Estado, aunque éstos los aceptan libremente.

Por lo que se deduce que este Art. 3 deja sin efecto todos los artículos relativos al IVE. Y ello es así a pesar de que el citado Art. 3 está insertado en la parte de la ley 2/2010 catalogada como NO ORGÁNICA, mientras que los Art. 12 y siguientes que garantizan el aborto se encuentran en la parte ORGÁNICA de la ley.

Desconozco la motivación por la que esta ley ha sido troceada en dos parcelas de distinto rango, pero sí ha sido una argucia del legislador para evitar el bloque del Art. 3.1 (no orgánico) sobre los Art. 12 al 16 (orgánicos) que garantizan el acceso al IVE. Esta argucia no sirve, pues el Art. 3.1 está inspirado y amparado por el Art. 7/1 y 7/2 del CC, Art. 10.1 de la Constitución y Art. 29.2 y 29.3 de la DUDH, que por sí mismos permiten impugnar los artículos 12 al 16 relativos al IVE, haciendo innecesario el Art. 3 de la ley 2/2010.

Lo que sucede con la ley Herodes 2/2010 es que su texto permite y ampara el aborto voluntario, hecho que no está permitido en nuestro ordenamiento jurídico, por lo que el papel de la ley es el de pantalla para burlar el Derecho, conducta recogida y reprobada en el Art. 6/4 del CC:

"Los actos realizados al amparo del texto de una norma que persigan un resultado prohibido por el ordenamiento jurídico, o contrario a él, se considerarán ejecutados en fraude de ley y no impedirán la debida aplicación de la norma que se hubiere tratado de eludir".

La normativa que burla esta ley es muy numerosa:

Código Civil, en el que el Art. 29 claramente considera al concebido como nacido en todo aquello que le favorezca, siendo éste como consecuencia del mencionado artículo acreedor del derecho a padre y madre, a la filiación, a la herencia, así como a tutor ó representante legal que defienda sus derechos e intereses, si la situación lo requiere.

Igualmente resultan burlados todos los artículos del CC que regulan los contratos y sus obligaciones que de ellos se derivan.

Esta ley es contraria al Derecho Penal, lo cual no se subsana con la modificación del Art. 145 y el añadido del 145 bis del CP.

Si consideramos que las especies de flora y fauna están protegidas (Art. 332 a 340 CP), con mayor razón deba estar protegida la especie humana como tal, y lo está, pero dada su importancia le dedicaremos un capítulo en exclusiva.

También es contraria esta ley a la Constitución de 1978, Art. 15 (Derecho a la vida) y Art. 24 (Protección judicial de los derechos).

Igualmente contraria es esta ley a la DUDH, específicamente:

Considerando 1 y 5 del Preámbulo donde se reconoce la dignidad intrínseca y los derechos iguales e inalienables de todos los miembros de la familia humana, así como los siguientes artículos:

Art. 3   Derecho a la vida.
Art. 7   Igualdad ante la ley.

Art. 8   Derecho al amparo de los Tribunales ante la violación de derechos fundamentales.

Visto lo anterior, esta ley presenta serias dudas acerca de su equidad, juridicidad y constitucionalidad. Pero bajo su vigencia y amparo se están practicando innumerables abortos, que aunque fuese declarada inconstitucional, el daño está hecho y es irreversible.

Por último, otra objeción que se podría hacer a esta ley es que ha sido elaborada previo engaño a la sociedad, al no figurar en el programa electoral del partido que la ha desarrollado y aprobado.

¿GENOCIDIO ESTATAL?

¿Puede un Estado cometer genocidio en razón de una mala política de la natalidad? Veamos, en una concepción clásica de la guerra, si un Estado decide invadir a otro, seguirá una pauta que aproximadamente consistirá en lanzar una primera oleada de bombardeos contra puntos neurálgicos seguida de una invasión de blindados que ocuparán el territorio y finalmente irrumpirán las fuerzas de infantería, siendo el objetivo de esta acción la rendición o el exterminio.

De lo anterior extraemos las siguientes conclusiones:
1. Se produce una agresión externa.
2. La víctima principal será la población civil y, por ende, la especie humana.
3. Se puede detener mediante la rendición.

Evidentemente, las políticas de natalidad no son una guerra, ¿o sí? Observemos las similitudes y las divergencias:
1. No hay agresión externa pero sí existe una autoagresión.
2. La víctima, como en la guerra, es la especie humana.
3. No existe posibilidad de rendición. Esta guerra va en serio, es a vida o muerte. O acabamos con las actuales políticas que directa o indirectamente inciden sobre la natalidad, o ellas acabarán con la humanidad.

Este fenómeno es común a muchos países del primer mundo pero individualizaremos su estudio refiriéndolo a España, partiendo de hechos y situaciones concretos:

1. Los sociólogos han dado la alarma de la inversión de la pirámide poblacional, en el sentido de disminución de la población joven y aumento de la población vieja.

2. El sistema de pensiones ya acusa este fenómeno y se ve obligado a aumentar los períodos de cotización y a elevar la edad de jubilación.

3. El INE ya ha anunciado que se ha iniciado un período de descenso continuado de la población.

4. El índice de natalidad de España es uno de los más bajos de Europa, estando por debajo del umbral que garantiza la supervivencia de la comunidad.

Bien es verdad que no es la natalidad el único factor que influye en los fenómenos anteriores pero sí que es un elemento determinante de todos ellos.

Mientras las alarmas se encienden, la comunidad nacional soporta el impacto de tres tipos de agresión, pero a diferencia de la invasión bélica en que las oleadas eran sucesivas, aquí son simultáneas, totales y sin cuartel. Es una especie de guerra de guerrillas donde no hay normas ni se hacen prisioneros.

El primer ataque que recibe es el de la anticoncepción, aparentemente inocuo y nada agresivo, y considerándolo a nivel individual, no presenta problemas de ningún tipo. Al contrario, más bien parece que los evita. Pero si referimos a la comunidad nacional, seguramente es el más dañino.

Hablando de anticoncepción, hemos de distinguir tres tipos:

a. Anticonceptivos químicos.

b. Anticonceptivos barrera.

c. Métodos quirúrgicos tales como vasectomía, ligamento de trompas etc.

Evidentemente, habrá casos individuales que no podrán considerarse como agresión a la comunidad si se producen por razones médicas.

La segunda oleada estaría producida por el aborto químico como consecuencia de la homologación y venta de píldoras abortivas.

La tercera onda consiste en el aborto quirúrgico.

Los hechos individualizados de anticoncepción y de aborto, bajo el amparo de la ley Herodes 2/2010, no tienen sanción de ningún tipo, a pesar de que sí son dañinos para la especie humana, y ésta, lo mismo que las especies de flora y fauna, tiene sus mecanismos de defensa tanto en el Derecho Internacional como en nuestro Derecho Penal.

La Asamblea General de Naciones Unidas aprobó el 9 de diciembre de 1948 la *Convención para la Prevención y la Sanción del Delito de Genocidio*, la cual define en su articulado:

Art. I

Las Partes contratantes confirman que el genocidio, ya sea cometido en tiempo de paz o de guerra, es un delito de derecho internacional que ellos se comprometen a prevenir y a sancionar.

Art. II

[...] se entiende por genocidio cualquiera de los actos mencionados a continuación, perpetrados con la intención de destruir, total o parcialmente, a un grupo nacional, étnico, racial o religioso, como tal:

a) Matanza de miembros del grupo;

b) [...]

c) [...]

d) Medidas destinadas a impedir los nacimientos en el seno del grupo.

<u>Art. III</u>

Serán castigados los actos siguientes:

a) El genocidio;

b) La asociación para cometer genocidio;

c) La instigación directa y pública a cometer genocidio;

d) La tentativa de genocidio;

e) La complicidad en el genocidio.

<u>Art. IV</u>

Las personas que hayan cometido genocidio o cualquiera de los otros actos enumerados en el Art. III, serán castigadas, ya se trate de gobernantes, funcionarios o particulares.

En nuestro Código Penal el delito de genocidio se encuentra recogido en el Art. 607:

"Los que con propósito de destruir total o parcialmente a un grupo nacional, étnico, racial o religioso, perpetraren algunos de los actos siguientes, serán castigados:

1º Con la pena de prisión de quince a veinte años, si mataran a alguno de sus miembros.

[...]

4º Con la misma pena (prisión de ocho a quince años), *si [...]. adoptaran cualquier medida que tienda a impedir su género de vida o reproducción, [...]."*

No cabe duda de que la anticoncepción, el aborto químico-farmacológico y el aborto quirúrgico son conductas contrarias a la reproducción de la especie y por lo tanto dañinas, por lo que se las puede considerar constitutivas del hecho tipificado en el Art. 607/4.

Este artículo exige que los hechos se realicen con el propósito de destruir total o parcialmente el grupo.

Respecto a lo anterior quiero hacer dos manifestaciones:

a. En la protección de especies de flora y fauna no se requiere el propósito de destruir la especie.

b. Cuando se realiza un acto que es dañino, si el autor lo conoce y persiste en él, es que quiere realizar el daño.

A continuación vamos a estudiar el grado de participación y su situación ante la ley de diferentes actores que intervienen en las ondas de la anticoncepción y el aborto.

Las compañías farmacéuticas

Las empresas farmacéuticas fabrican las píldoras necesitando para ello los correspondientes permisos así como su homologación y registro, requisitos necesarios para poder comercializarse, por tanto, conductas muy regladas, supervisadas por el Estado y que deben cumplir la legalidad para poder entrar en el canal de comercialización.

El farmacéutico

Otro actor es el farmacéutico que dispensa los productos, y que haciéndolo bajo receta médica, la actividad es absolutamente legal.

Otra cosa es que la farmacia venda libremente a quien lo solicite píldoras anticonceptivas y abortivas, sin receta médica ni ningún otro tipo de control.

El farmacéutico que así actúe podría ser acusado de cómplice de genocidio de acuerdo al Art. II.d) y Art. III.e) de la

Convención para la Prevención y la Sanción del Delito de Genocidio de 12 de enero de 1951 así como del Art. 607/4 del CP.

El farmacéutico conoce perfectamente que las píldoras anti-conceptivas y abortivas tomadas sin una razón médica que lo justifique, sólo sirven para impedir la reproducción, y por lo tanto causan daño a la especie humana y a la comunidad nacional.

Hay que añadir como agravante que esta conducta produce un lucro al farmacéutico.

Los centros abortivos

Los centros para abortar son empresas constituidas con el único fin de realizar abortos y que hoy en nuestro país constituye una actividad legal al margen de que tengan que cumplir ciertos requisitos.

Ahora bien, la actividad es legal pero al no practicarse el aborto por razones médicas, esta conducta deviene un daño para la especie humana y para la comunidad nacional, quedando incursa en el proceder reflejado en los Art. II.d) y III.e) de la *Convención para la Prevención y la Sanción del Delito de Genocidio*, y del Art. 607/4 CP será discutible si su participación es en calidad de autores o de cómplices.

Como es normal, estas empresas prestan sus servicios a cambio de una contraprestación económica.

El médico

Otro actor a considerar es el médico que realiza un aborto en España, quien lo hace voluntariamente, pues la ley le concede la posibilidad de realizar objeción de conciencia.

Ateniéndonos a su formación profesional y nivel cultural que se le supone, no es temerario presumir que es consciente de que su conducta es dañina para la especie humana y para la comunidad nacional, pues conoce perfectamente que el índice de natalidad en España está por debajo del punto crítico que garantiza la continuidad de la especie y tampoco le es ajeno el grado de envejecimiento de la población. Es decir, el médico es conocedor del daño y de sus efectos, y aún así persiste en su conducta, quedando claras su intencionalidad y su voluntad.

Esta conducta encuadra perfectamente con la expresada en los Art. II d) y III a) de la *Convención para la Prevención y la Sanción del Delito de Genocidio* y el Art. 607/4 del CP, por lo que se podría afirmar que con su conducta está cometiendo un delito de genocidio. En cambio, a pesar de que practica abortos, no comete delito de aborto pues el aborto voluntario ha sido descriminalizado por la propia ley Herodes 2/2010, pero el hecho en sí mismo, delictivo o no, sigue siendo nocivo para la especie humana y para la comunidad nacional, conducta que puede en consecuencia ser tipificada como genocida.

Evidentemente, el especialista en abortos también recibe su contraprestación económica por practicar abortos.

El Estado

Actor fundamental es el Estado, y creo que tiene mucho que hacer y que decir, pero analicemos su posición en este escabroso tema.

Respecto de los anticonceptivos y abortivos es el Estado quien los homologa, registra y autoriza su venta y garantiza su distribución y suministro en todo el territorio nacional a través de la red de oficinas de farmacia.

En cuanto al aborto, el Estado garantiza su realización mediante especialista autorizado en todo el territorio nacional, bien utilizando los servicios del Sistema Nacional de Salud o a través de centros privados concertados.

Es verdad que la anticoncepción y el aborto así como la actuación del médico abortista son acciones individuales y voluntarias que se realizan sin coacción directa por parte del Estado.

Ahora bien, el Estado sí es coactivo con el Sistema Nacional de Salud para que garantice el cumplimiento de las políticas de restricción de la natalidad que el Estado formula e impulsa en la ley Herodes 2/2010, donde se toman medidas tales como:

a. Información sanitaria sobre anticoncepción y prevención de embarazos (Art. 5.1.f)).

b. Los poderes públicos desarrollarán acciones informativas y de sensibilización a través de los medios de comunicación, prestando particular atención a la prevención de embarazos mediante acciones dirigidas principalmente a la juventud (Art. 6).

c. El acceso universal a prácticas clínicas efectivas de planificación de la reproducción quedará garantizado por los servicios públicos de salud mediante la incorporación de anticonceptivos de última generación en la cartera de servicios comunes del Sistema Nacional de Salud (Art. 7.b)).

d. Incorporación de la práctica clínica del aborto en los programas curriculares de las carreras relacionadas con la medicina y ciencias de la salud (Art. 8.a)).

e. Formación de profesionales en salud sexual y salud reproductiva, incluyendo la práctica del aborto (Art. 8.b)).

f. Se incorporará en el sistema educativo como parte del desarrollo integral de la personalidad y de la formación en valores, entre otros temas, la prevención de embarazos no deseados (Art. 9.e)).

g. Los poderes públicos apoyarán a la comunidad educativa en la realización de actividades formativas sobre embarazos no deseados y otros asuntos, facilitando información adecuada a los padres y a las madres (Art. 10).

h. Para el cumplimento de los objetivos previstos en esta ley, el Gobierno aprobará en cooperación con las Comunidades Autónomas un Plan de Estrategia de una duración de cinco años, estableciendo mecanismos de evaluación bienal (Art. 11).

i. En los Art. 12 al 17 se regula y garantiza el derecho al aborto, estableciendo los requisitos necesarios según los plazos de gestación y edad de la mujer, pero todos estos requisitos prácticamente desaparecen según el nuevo Art. 145 bis que se incorpora al CP.

j. El aborto estará incluido en la cartera de servicios comunes del Sistema Nacional de Salud (Art. 18).

k. El Estado ejercerá la Alta Inspección como función de garantía y verificación del cumplimiento efectivo de los derechos y prestaciones reconocidos en esta ley en todo el sistema Nacional de Salud (Disposición adicional primera).

l. En el plazo de un año el Gobierno concretará la efectividad del acceso a los métodos anticonceptivos. Se garantizará la inclusión de anticonceptivos de última generación en la cartera de servicios comunes del Sistema Nacional de Salud en las mismas condiciones que las prestaciones farmacéuticas con financiación pública (Disposición adicional tercera).

m. Finalmente, el Estado, como coordinador, impulsor y garante de las políticas de natalidad, también obtiene su compensación económica vía recaudación de impuestos.

Salvo que exista algún tipo de desgravación o exención, el Estado recaudará el IVA correspondiente de todos los productos anticonceptivos así como de los abortos practicados fuera de las instalaciones del Sistema Sanitario Nacional. Si no estoy en un error, quien paga es la Seguridad Social y quien recauda el IVA es el Estado. Esto quiere decir que en el caso de un aborto practicado en un Centro concertado, quien paga es la Seguridad Social (es decir, los afiliados). El Centro cobra por el servicio prestado y el Estado recauda el impuesto, lo que de ser así, supondría que todo este tema provocaría que el Estado recaude una cantidad importante en concepto de IVA procedente de anticonceptivos y abortivos que, al pagarlos la Seguridad Social, supone una transferencia importante de dinero de la caja de la Seguridad social a la caja del Estado.

n. En la ley Herodes 2/2010 el legislador ha creado una serie de derechos con los que premia a los ciudadanos en general o a determinados colectivos en particular. Esto sucede con el aborto y la anticoncepción, a los que el legislador les concede rango de DERECHOS SOCIALES al garantizar la gratuidad de su ejercicio en todo el territorio nacional. Ahora bien, esto de inventar nuevos derechos no es una práctica ortodoxa pues los Estados no son competentes para ello ya que los derechos pertenecen al individuo por el hecho de tener la dignidad de ser persona, y todos estos derechos están recogidos en la DUDH de la ONU, siendo la misión del Estado la de reconocerlos y garantizar su ejercicio por parte de sus ciudadanos.

Por cierto, que ni el aborto ni la anticoncepción aparecen reflejados como derechos en la DUDH, lo cual es normal que así sea, pues ambas conductas son dañinas tanto para la comunidad como para la especie humana.

A continuación reproduzco el Art. 29 de la DUDH por venir muy bien al caso:

<u>Art. 29</u>

1. *"Toda persona tiene deberes respecto a la comunidad puesto que solo en ella puede desarrollar libre y plenamente su personalidad.*

2. *En el ejercicio de sus derechos y en el disfrute de sus libertades, toda persona estará solamente sujeta a las limitaciones establecidas por la ley con el único fin de asegurar el reconocimiento y el respeto de los derechos y libertades de los demás, y de satisfacer las justas exigencias de la moral, del orden público y del bienestar general en una sociedad democrática.*

3. *Estos derechos y libertades no podrán en ningún caso ser ejercidos en oposición a los propósitos y principios de las Naciones Unidas."*

Respecto al punto n° 1 de este Art. 29 hemos de considerar que el primer deber del individuo para con la comunidad es el de no desarrollar actividades o mantener conductas dañinas para la comunidad, cual es el caso de la anticoncepción y el aborto en cualquiera de sus modalidades.

En el punto n° 2 se afirma que en el ejercicio de los derechos hay que asegurar el reconocimiento y el respeto de los derechos de los demás, cosa que no ocurre con el aborto, donde se violan los derechos del concebido, de la comunidad nacional y de la especie humana. Igualmente sucede con la anticoncepción que no respeta los derechos de la comunidad nacional ni de la especie humana.

En el punto n° 3 se afirma que el ejercicio de los derechos no puede ir contra los principios y derechos de Naciones Unidas.

En el caso del aborto, éste se opone directamente al derecho a la vida del concebido (Art. 3, DUDH). Pero además, se opone en bloque y frontalmente a la *Declaración de los Derechos del Niño* de 1959 y a la *Convención sobre los Derechos del Niño* de 1990, donde ya en el PREÁMBULO de ambas se recoge que *"el niño por su falta de madurez física y mental, necesita protección y cuidados especiales, incluso la debida protección legal, tanto antes como después del nacimiento".*

Merece que le dediquemos atención especial al aborto por causas médicas (riesgo para la salud de la madre, anomalías fetales y enfermedad del feto) regulado en el Art. 15 de la ley Herodes 2/2010.

Hay que decir que en la doctrina de la ONU (*Declaración Universal de Derechos Humanos, Declaración de los Derechos del Niño y Convención sobre Derechos del Niño*) no se reconoce el derecho al aborto para ninguno de estos casos. Por el contrario, en la *Declaración de los Derechos del Niño* se afirma en el Principio 4 que *"el niño debe gozar de los beneficios de la seguridad social, y deben `proporcionárselos tanto a él como a su madre, cuidados especiales incluida atención prenatal y postnatal".*

En la *Convención sobre los Derechos del Niño* se afirma en el Art. 23:

1.   Los Estados Partes reconocen que el niño mental o físicamente impedido deberá disfrutar de una vida plena y decente en condiciones que aseguren su dignidad, le permitan llegar a bastarse a si mismo y faciliten la participación activa del niño en la comunidad.

2.   Los Estados Partes reconocen el derecho del niño impedido a recibir cuidados especiales.

3.   La asistencia que se preste conforme al párrafo 2 será gratuita y estará orientada a que el niño logre la integración social y el desarrollo individual en la máxima medida posible.

Art. 24:

1.   Los Estados Partes reconocen el derecho del niño al disfrute del más alto nivel posible de salud y a servicios para el tratamiento de las enfermedades y la rehabilitación de la salud.

2.   Los Estados Partes asegurarán la plena aplicación de este derecho y en particular, adoptarán las medidas adecuadas para:

[…]

d) asegurar atención sanitaria prenatal y postnatal apropiada a las madres.

De lo anterior se desprende que en la doctrina de la ONU no cabe el derecho al aborto, ni siquiera para supuestos especiales como los que recoge la ley Herodes 2/2010 por razones médicas.

En la doctrina de la ONU lo que existe es el derecho a la atención sanitaria prenatal y postnatal tanto de la madre como del niño, y a cuidados y atenciones especiales para con el niño discapacitado y la correspondiente obligación de los Estados de satisfacer estos derechos.

A continuación voy a transcribir algunos artículos de la *Convención para la Prevención y la Sanción del Delito de Genocidio* de 1951, por el interés que supone contrastarlos con algunas conductas protegidas por la ley Herodes 2/2010:

<u>Art. II</u>

"En la presente Convención se entiende por genocidio cualquiera de los actos mencionados a continuación, perpetrados con la intención de destruir, total o parcialmente, a un grupo nacional, étnico, racial o religioso, como tal.

[…]

d. Medidas destinadas a impedir los nacimientos dentro del grupo."

Art. III

"Serán castigados los actos siguientes:
a. El genocidio;

[...]

e. La complicidad en el genocidio."

Art. IV

"Las personas que hayan cometido genocidio o cualquiera de los otros actos enumerados en el Art. III serán castigados, ya se trate de gobernantes, funcionarios o particulares."

Art. V

"Las Partes contratantes se comprometen a adoptar, con arreglo a sus constituciones respectivas, las medidas legislativas necesarias para asegurar la aplicación de las disposiciones de la presente Convención y especialmente a establecer sanciones penales eficaces para castigar a las personas culpables de genocidio o de cualquier otro de los actos enumerados en el Art. III."

En cumplimiento de este mandato el ordenamiento jurídico incorpora el delito de genocidio en el Código Penal:

Art. 131/4

"El delito de genocidio no prescribirá en ningún caso."

Art. 607 – Delitos de Genocidio

"Los que con propósito de destruir total o parcialmente a un grupo nacional, étnico, racial o religioso, perpetraren alguno de los actos siguientes, serán castigados."

[…]

4º - *"Con la misma pena […]* (prisión de ocho a quince años) *si adoptaran cualquier medida que tienda a impedir su género de vida o reproducción […]."*

La postura del Estado español cambia radicalmente mediante la aprobación y promulgación de la ley Herodes 2/2010.

La misión fundamental de esta ley consiste en transformar dos conductas dañinas para la comunidad nacional y para la especie humana como son el aborto y la anticoncepción, en derechos con rango de derecho social exigibles por el ciudadano en cualquier parte del territorio nacional, obligándose el Estado a garantizar su cumplimiento, financiación incluida.

Mediante esta decisión el Estado premia al ciudadano en perjuicio de la comunidad, cometiendo a mi entender dos graves errores:

1.   Reconocer y autorizar el ejercicio por parte del ciudadano de dos conductas, aborto y anticoncepción, que son dañinas para la comunidad nacional ya que son responsables del:

a. descenso de la natalidad;

b. descenso de la población;

c. envejecimiento de la población;

d. empeoramiento de las pensiones de jubilación;

e. aumento desordenado de la inmigración con el correspondiente aumento de las tensiones y problemas que conlleva su integración.

2. Comete un grave error jurídico al elevar estas prácticas de la anticoncepción y el aborto a la categoría derecho social.

En la *Conferencia de las Naciones Unidas sobre el Medio Ambiente Humano* (Estocolmo, junio de 1972), una de las cosas que se dice es que *"De todas las cosas del mundo, los seres humanos son lo más valioso".*

En congruencia con lo anterior, el Principio 2 expresa la convicción común de que:

"Los recursos naturales de la tierra, incluidos el aire, el agua, la tierra, la flora y la fauna y especialmente muestras representativas de los ecosistemas naturales, deben preservarse en beneficio de las generaciones presentes y futuras [...]."

Podemos afirmar que el espíritu de la Conferencia es el de poner el medio ambiente y los recursos naturales al servicio de la humanidad, comprometiendo a los Estados para que esto se cumpla.

Así lo hace el Estado español que dedica los Títulos XVI y XVII, Art. 319 al 385 del CP y numerosísimas disposiciones relativas al tema ecológico.

A esto hemos de añadir que cuando se trata de recursos naturales destinados al consumo humano, como agua o energía, disfrutan de una protección preventiva de tipo recaudatorio mediante el gravamen de impuestos especiales y el establecimiento de tarifas que penalizan el consumo.

Es decir, hay innumerables conductas agresoras del medio ambiente que son penalizadas para defensa y protección de la especie humana.

De todas las conductas quiero mencionar dos de ellas:

a. Destruir los propágulos de una planta cuya especie este amenazada – Art. 332 CP (hasta dos años de prisión).

b. Impedir o dificultar la reproducción de especies animales amenazadas – Art. 334 CP (hasta dos años de prisión).

Curiosamente, al tratarse del aborto y de la anticoncepción, conductas dañinas para la comunidad nacional y para la especie humana, el Estado quiebra la línea mantenida de defensa de las especies de flora y fauna al atender las demandas del ciudadano, reconociéndolas y amparándolas, dándoles rango de derecho social pues el Estado se compromete a satisfacerlos gratuitamente, cometiendo un error que puede traer graves consecuencias.

En la DUDH se dice:

Art. 29.1
"Toda persona tiene deberes respecto a la comunidad [...]."

El primer deber que tenemos es el de respetarla, no agrediéndola con conductas dañinas como son la anticoncepción y el aborto.

El Estado, en lugar de sancionar y reprimir estas conductas, como parece lógico según el Art. 29.1 de la DUDH, las legaliza dándoles rango de derecho social y lo hace mediante la ley Orgánica 2/2010. A partir de este momento, los ciudadanos que ejercitan su derecho al aborto y a la anticoncepción quedan exentos de responsabilidad alguna siempre que lo hagan de acuerdo a la norma, siendo el Estado el responsable de las consecuencias del ejercicio de estos derechos tanto individual como colectivamente.

Estos derechos están tan delimitados en la ley que, cumpliendo los requisitos de la misma, resulta imposible incurrir en ningún tipo de responsabilidad.

Las mujeres que abortan o reciben un tratamiento anticonceptivo son una especie de pacientes pasivos que no tienen responsabilidad alguna. Los responsables serán el farmacéutico, el médico, el centro de abortos o el laboratorio farmacéutico, y fundamentalmente y siempre será responsable el Estado como supervisor y garante de todo el proceso.

En la DUDH (Art. 29.3) se especifica que:

"Estos derechos y libertades no podrán en ningún caso, ser ejercidos en oposición a los propósitos y principios de las Naciones Unidas".

El aborto se opone frontalmente a la *Declaración de los Derechos del Niño (1959)*, muy especialmente en el Preámbulo y en el Principio 4.

Lo mismo sucede con la *Convención sobre los Derechos del Niño (1990)*, tanto en el Preámbulo como en los Art. 6 y 24.d).

Igualmente se opone al derecho a la vida proclamado en el Art. 3 de la DUDH.

Por otra parte, tanto la anticoncepción como el aborto son dos conductas que encuadran perfectamente con la conducta tipo descrita en el Art. II.d) de la *Convención para la Prevención y la Sanción del Delito de Genocidio*:

Art. II

"En la presente Convención, se entiende por genocidio cualquiera de los actos mencionados a continuación, perpetrados con la intención de destruir, total o parcialmente, a un grupo nacional, étnico, racial o religioso, como tal:

[...]

d) Medidas destinadas a impedir los nacimientos en el seno del grupo."

Tanto la anticoncepción como el aborto son dos conductas cuya única finalidad consiste en impedir los nacimientos, por lo que podemos calificarlas de conducta genocida, siempre que concurra el requisito de intencionalidad de destrucción del grupo.

La intencionalidad es un elemento subjetivo, que tratándose de un hecho tan grave como el genocidio, nadie lo reconocerá de antemano.

Ahora bien, como principio general podemos establecer que quien conoce los efectos dañinos de una acción determinada y a pesar de ello la realiza, sin lugar a dudas quiere causar el daño.

Por su interés para el caso transcribo el Art. 30 de la DUDH:

"Nada en la presente Declaración podrá interpretarse en el sentido de que confiera derecho alguno al Estado, a un grupo o a una persona, para emprender y desarrollar actividades o realizar actos tendentes a la supresión de cualquiera de los derechos y libertades proclamados en esta Declaración."

Pues bien, el Estado español, haciendo caso omiso del Art. 30 de la DUDH y de los demás preceptos citados anteriormente (*Declaración Universal de los Derechos Humanos – Art. 3 y 29.3, Declaración de los Derechos del Niño 1959 – Preámbulo y Principio 4, Convención sobre los Derechos del Niño 1990 – Preámbulo y Art. 6 y 24.d)*) aprueba una ley que parece querer desafiar a los principios y doctrina de Naciones Unidas.

Mediante la aprobación de la ley Herodes 2/2010 el Estado transforma el delito del aborto intencionado tipificado en el Art. 145 del CP en un derecho social fundamental que el Estado garantiza y financia.

Cosa parecida ocurre con la anticoncepción, que a diferencia del aborto era una conducta tolerada, nada violenta, si la comparamos con el aborto, pero para la comunidad nacional y para la especie humana es tan dañina como aquél. Pues bien, la ley Herodes 2/2010 la legaliza y eleva a categoría de derecho fundamental, exactamente igual que el aborto.

El Estado comete un grave error al aprobar la ley 2/2010, pues al legalizar y elevar a la categoría de derecho al aborto y la anticoncepción, está dificultando el número de nacimientos, y esta conducta está tipificada en el Art. II de la *Convención para la Prevención y la Sanción del Delito de Genocidio (1951)*:

"d) Medidas destinadas a impedir los nacimientos en el seno del grupo".

En el mismo sentido, el Código Penal sobre el delito de genocidio, según el Art. 607/4 considera culpables a aquellos que *"adoptaran cualquier medida que tienda a impedir su género de vida o reproducción"*, refiriéndose cuando se actúa contra un grupo nacional, étnico, racial o religioso.

De lo que no cabe duda es que el aborto y la anticoncepción impiden el número de nacimientos y consecuentemente la reproducción, encajando perfectamente tanto en la citada *Convención para la Prevención y la Sanción del Delito de Genocidio* como en el Código Penal.

El requisito de intencionalidad que tanto la citada *Convención* como el Código Penal exigen se puede deducir del conocimiento que el Estado tiene de que al amparo de esta ley se cometerán muchos miles de abortos y de casos de anticoncepción, poniendo toda su energía y empeño para que puedan atenderse todos, creando una gran estructura compuesta por el Sistema Sanitario Nacional, más una red de centros de aborto, con los que establece conciertos. Ordena al Gobierno que establezca una estrategia a cinco años con la participación especial de varios ministerios: Educación, Sanidad y Asuntos Sociales, el extinto de Igualdad y el de Economía y Hacienda. Encomienda a la Alta Inspección que establezca controles para comprobar que se satisfagan los derechos garantizados en la ley.

También involucra a las Comunidades Autónomas en la consecución de estos objetivos. Es decir, que el Estado pone todo su empeño, energía y recursos económicos para garantizar el derecho al aborto y a la anticoncepción, y todo ello a pesar de que:

• El índice de natalidad de España es uno de los más bajos de Europa;

• La pirámide poblacional se ha invertido, habiendo más viejos que jóvenes, obligando a la Seguridad Social a tomar medidas para garantizar el Sistema de Pensiones.

Este desequilibrio de la edad de la población provoca una llegada masiva de inmigrantes que la sociedad no puede asimilar, lo que acarrea una serie de problemas y tensiones que tampoco se deben ignorar.

Resumiendo:

Tanto el legislador como el Estado conocen que el aborto y la anticoncepción impiden los nacimientos, lo que constituye una conducta tipo del delito de genocidio. Evidentemente, ambos lo conocen puesto que vienen formulados en el Código Penal (Art. 607/4) y en la *Convención para la Prevención y la Sanción del Delito de Genocidio* (Art. II.d)).

Igualmente conocen los síntomas de envejecimiento de la comunidad y los problemas que ello produce. A pesar de ello aprueban una ley y ponen todo su empeño en garantizar el derecho al aborto y a la anticoncepción, financiación incluida, manifestando su intención de continuidad mediante el establecimiento de un plan estratégico quinquenal.

Mediante este comportamiento el Estado podría estar incurriendo en un presunto delito de genocidio, y no solo como cómplice o colaborador necesario al pagarlo y proporcionarle una estructura sanitaria que facilita y garantiza su realización, sino como presunto autor material desde el mismo momento en que aprueba una ley en las que se legalizan y se les concede categoría de derecho a dos conductas dañinas para la comunidad nacional y para la humanidad.

Es de suponer que el Estado no ha caído en la tentación de pensar que al ser el médico y la mujer embarazada los autores materiales del aborto quienes lo realizan libremente y por propia voluntad, quedando demostrado esto por parte de la mujer mediante solicitud firmada y posterior confirmación, y por parte del médico que puede ejercer la objeción de conciencia pero tiene que solicitarla con anterioridad por escrito y firmada. Por lo tanto, queda muy claro quienes son los autores del aborto, que por otra parte ha dejado de ser delito por decisión de la ley 2/2010, quedando el Estado como un benefactor que vela por la calidad sanitaria, garantiza el secreto y paga todos los gastos.

Pero en todo este montaje jurídico legal donde se descriminaliza el aborto y además se le da rango de derecho social fundamental, existe un ser humano, el concebido, que tiene derechos, siendo uno de ellos el de defensa que en primer lugar le corresponde a la madre, en su defecto al padre, otro gran olvidado, y a continuación el Estado.

Evidentemente, la madre no solo renuncia a defender al concebido sino que quiere eliminarlo.

El padre del concebido es el gran ausente para la ley Herodes 2/2010. Simplemente no existe.

El Estado no solo hace dejación de funciones al no defender al concebido, sino que protege y ampara el aborto, declarándolo un derecho.

Esto, aparte de una chapuza, constituye una enorme injusticia para la que un ordenamiento jurídico como el nuestro, elaborado durante siglos, tiene respuesta para injusticias como la del caso que nos ocupa.

Todo ser humano en cualquier fase de su vida, incluida la intrauterina, forma parte de la comunidad y de la especie humana, por lo que está protegido por la DUDH además de por el ordenamiento jurídico propio.

El aborto, indiferentemente de que sea o no un delito, lo mismo si es derecho o no lo es, siempre causará un daño a la humanidad, siendo esta conducta uno de los tipos acogidos en el delito de Genocidio en el Art. II.d)) de la *Convención para la Prevención y la Sanción del Delito de Genocidio* y también en el Art. 607/4 de nuestro Código Penal.

Ahora solo nos falta estudiar la situación de los diferentes actores según su papel y grado de colaboración:

• El Estado, ya hemos dicho que podría incurrir en presunto delito de genocidio.

• Las empresas que gestionan los centros de aborto no solo colaboran aportando sus instalaciones sino que establecen una especie de contrato-convenio-concierto con el Estado mediante el cual se comprometen a realizar abortos, numerosos, a cambio de la correspondiente prestación económica. Estos contratos son ilícitos ya que no puede ser objeto de contrato la muerte de un ser humano sea cual sea la fase de desarrollo en que se encuentre, incluida la fase de vida intrauterina. Este tipo de contrato o contrato sicario salpica a las dos partes por igual, tanto al Estado que paga como a la empresa que gestiona el centro abortivo, la cual cobra una cantidad determinada por cada aborto que ejecuta.

• Las empresas que fabrican y venden anticonceptivos y abortivos, siendo muy discutible que el disponer de permiso de fabricación y ser productos registrados y autorizados les exima de responsabilidad ya que conocen perfectamente el uso que se hace de estos productos y la finalidad de los mismos. Solamente en los casos en que su uso estuviera justificado por causas médicas concurrentes se podría exonerar de responsabilidad a dichas empresas.

- El farmacéutico que dispensa anticonceptivos sin receta médica incurre en una conducta irregular.
- Los médicos que practican abortos tanto en centros privados como públicos y que pudiendo ejercer la objeción de conciencia no lo hacen.

Todas las conductas de los sujetos antes relacionados tienen la misma finalidad, impedir los nacimientos, y esta es una conducta tipificada como genocida tanto en la *Convención para la Prevención y la Sanción del Delito de Genocidio* como en el Código Penal, bien que con el requisito de la intencionalidad. Ahora bien, todos conocen que la conducta es dañina, especialmente en una comunidad con un índice de natalidad muy bajo y una población muy envejecida en la que al final del año el balance será de 100.000 abortos.

Si a pesar de conocer el daño que causan, persisten en su conducta, es fácil presumir que quieren causarlo aunque no sea esta la única motivación ya que en este asunto el dinero está muy presente.

El gran impulsor de todo esto es el Estado, que comienza con la promulgación de la ley Herodes 2/2010 donde se reconoce el derecho al aborto en contra de los Principios y Doctrina de la Naciones Unidas, que no recoge este derecho en ninguna parte, poniendo además todos los medios para garantizar su realización en todo el territorio nacional, corriendo incluso con su financiación, bien por realizarse gratuitamente dentro del Sistema Nacional de Salud o en centros privados homologados por el Estado con los que establecen conciertos, donde se estipula la cantidad de dinero a percibir por cada aborto practicado.

Esta conducta pone al Estado en la difícil situación de poder ser considerado autor de presunto delito de genocidio.

Exactamente igual podrían ser considerados autoras de presunto delito de genocidio las empresas gestoras de los centros abortivos.

También podrían sufrir esta acusación de autoría de presunto delito de genocidio todos aquellos médicos que practican abortos y que además no han ejercido la objeción de conciencia pudiendo hacerlo.

Las empresas que fabrican píldoras anticonceptivas y abortivas se supone que lo hacen con los correspondientes permisos, homologaciones y registros, estando su uso justificado en determinados procesos terapéuticos, teniendo en este caso la consideración de medicamento. Pero si la mayor parte de su fabricación acaba siendo utilizada simplemente como anticonceptivo y como abortivo, se les podría pedir responsabilidades ya que se les supone perfectos conocedores del mercado. Pues bien, tanto estos fabricantes como los farmacéuticos que dispensan anticonceptivos y abortivos, sin receta médica, podrían estar incurriendo en presunto delito de genocidio en grado de complicidad.

Nos preguntaremos por el daño causado para poder formular unas acusaciones tan graves.

Veamos y analicemos:

a. Tratamientos anticonceptivos mediante píldoras (incontables);

b. Píldoras abortivas primeros días embarazo (numerosas);
De ninguno de los apartados anteriores existen datos oficiales.

c. Más de 100.000 abortos quirúrgicos al año.

Estos tres tipos de hechos descritos anteriormente tienen como única finalidad impedir los nacimientos y esto está tipificado como genocidio en la *Convención para la Prevención y la Sanción del Delito de Genocidio* (Art. II.d)).

No cabe duda que estos hechos causan un grave daño en la comunidad española, que además es una sociedad envejecida y con un índice de natalidad muy bajo, y como el daño causado es muy grave las acusaciones son también muy graves.

En función de su potestad normativa el Estado puede promulgar leyes, modificar Códigos, definir, eliminar y crear nuevos derechos y delitos, siendo esto lo que sucede con el aborto voluntario en la ley Herodes 2/2010. Se elimina el delito de aborto y se origina el derecho de aborto, pero a pesar de esta mutación legal la naturaleza del hecho no cambia y sigue constituyendo una agresión a la especie humana, y junto con la anticoncepción son hechos que impiden el número de nacimientos, conducta tipificada como genocida en la *Convención para la Prevención y la Sanción del Delito de Genocidio*. El elemento de intencionalidad de destrucción del grupo se puede presumir por el hecho de conocer el daño causado y proseguir en su realización.

Ya vemos que un derecho no se puede ejercer en perjuicio de terceros, sin embargo, esto sucede con el aborto, que perjudica al concebido y a la especie humana, siendo así por ser un derecho mal definido cuyo ejercicio siempre conlleva un abuso de derecho.

EL PARLAMENTO EUROPEO Y EL ABORTO

En fecha 01.02.2011 el Parlamento Europeo vota una resolución en la que entre otras cosas aprueba el derecho al aborto seguro y legal como medio para combatir el VIH/Sida. Esto nos lleva a realizar algunas reflexiones:

1.   La competencia legislativa en lo referente al aborto en el ámbito europeo le corresponde al Parlamento Europeo.

2.   Si en fecha 01.02.2011 se aprueba el derecho al aborto seguro y legal como medio para combatir el Sida, significa que hasta esta fecha en la Unión Europea no existía el derecho al aborto, por lo que todos los abortos practicados en la Unión Europea han sido ilegales ante el silencio del Parlamento Europeo y de la Unión Europea, haciéndose responsables de los mismos al no haberlos prohibido o al menos advertido a los Estados miembros de la ilegalidad del derecho al aborto en el ámbito de la Unión Europea.

3.   El derecho al aborto en la Unión Europea se despacha y se aprueba en una sola sesión, hurtando a los ciudadanos un debate serio y profundo sobre una cuestión que a la ciudadanía interesa, y mucho.

Esto demuestra la poca importancia que le dan al aborto desde las instancias oficiales, pero a este punto no se ha llegado por casualidad. Esto comenzó hace años, minusvalorando la vida intrauterina para simultáneamente ir reduciendo las penas del delito de aborto. Después viene la despenalización de algunos supuestos para a continuación entrar en una etapa en la que el aborto sale del Código Penal pasando a regularse en leyes especiales donde desaparece la palabra "aborto", ocurriendo lo mismo con el delito, pero por el contrario se reconoce en ellas el derecho al aborto. Ahora bien, todas estas leyes que reconocen el derecho al aborto lo hacen en función de una serie de derechos como es el derecho a la libre decisión de la maternidad. Sin embargo, no tienen en cuenta hechos que tienen gran importancia jurídica y que, al despreciarlos, incurren en errores que pueden acarrear consecuencias graves.

El primer olvido tiene lugar al no tener en cuenta que la fecundación del óvulo es la consecuencia de un acto libremente realizado por ambos progenitores, lo que equivale a un contrato perfectamente definido y regulado por el Derecho Civil que entre otras cosas dice que todas las consecuencias derivadas de la realización del contrato son responsabilidad de los contratantes.

Otra cosa que no consideran es que la naturaleza del aborto no ha cambiado con el tiempo y sigue siendo el mismo hecho violento, brutal y antinatural, por lo tanto es difícil entender el cambio en el tratamiento jurídico del mismo.

Por fin, y muy importante, es que el derecho al aborto es un derecho imposible ya que el ejercicio del mismo conlleva simultánea y automáticamente un daño irreparable:

a) para el concebido, que pierde la vida;

b) para la madre, que sufre daños físicos y psíquicos;

c)   para la comunidad nacional, que pierde un futuro ciudadano;

d)   para la humanidad, que pierde un individuo, un ser humano;

e)   y para el Estado, que sufre un perjuicio económico al sufragar el coste del aborto.

Es decir, el derecho al aborto constituye un clarísimo y grave caso de abuso de derecho.

El no tener en cuenta estos hechos hace que estas leyes de plazos desentonen dentro de su propio ordenamiento jurídico, entrando en contradicción con otras leyes (como ocurre con la ley Herodes 2/2010), que choca con el Código Civil que reconoce al concebido como sujeto de derechos desde el momento de la fecundación.

También choca con el Código Penal, donde se elimina el delito del aborto pero se mantiene una "superprotección" de la flora y de la fauna, de tal manera que el propágulo (aparato reproductivo) tiene el mismo nivel de protección que la planta. Cosa parecida sucede con la fauna, donde encontramos que tiene la misma protección el huevo, incubado o no, que el ave del que procede.

Si reconociéramos el mismo nivel de protección a la especie humana, nos encontraríamos que además del óvulo fecundado serían acreedores al mismo grado de protección el óvulo sin fecundar y los órganos reproductores masculino y femenino, con lo que quedarían desautorizados métodos de esterilización tales como ligamentos de trompas, vasectomía y otros, excepto para aquellos casos donde hubiera una verdadera razón médica.

También choca esta ley con la Constitución de 1978, fundamentalmente contra el Art. 15 en el que se reconoce el derecho a la vida.

La ley Herodes 2/2010 no sólo contraviene nuestro ordenamiento jurídico sino que también lo hace contra los Principios y Doctrina de las Naciones Unidas, lo cual es muy grave.

Veamos algunos puntos que nos aclaran cuál es la postura de la ONU respecto al tema del aborto:

<u>Declaración de la Conferencia de las Naciones Unidas sobre el Medio Ambiente Humano (Estocolmo, 1972)</u>

"Proclama que:

1. [...] Los dos aspectos del medio ambiente humano, el natural y el artificial, son esenciales para el bienestar del hombre y para el goce de los derechos humanos fundamentales, incluso el derecho a la vida misma.

[...]

5. [...] De todas las cosas del mundo, los seres humanos son lo más valioso. [...].

6. La defensa y mejoramiento del medio ambiente humano para las generaciones presentes y futuras se han convertido en meta imperiosa de la humanidad, [...].

7. [...] La Conferencia encarece a los gobiernos y a los pueblos que aúnen sus esfuerzos para preservar y mejorar el medio ambiente en beneficio del hombre y de su posteridad.

Principios:
[...]

Principio 2 - Los recursos naturales de la tierra, incluidos el aire, el agua, la tierra, la flora y la fauna, deben preservarse en beneficio de las generaciones presentes y futuras [...].

[...]

Principio 16 – En las regiones en que existe el riesgo de que la tasa de crecimiento demográfico o las concentraciones excesivas de población perjudiquen al medio o al desarrollo, [...] debería aplicarse políticas demográficas que respetasen los derechos humanos fundamentales [...].

[...]

Principio 21 – De conformidad con la Carta de las Naciones Unidas y los principios del derecho internacional, los Estados tienen el derecho soberano de explotar sus propios recursos, y la obligación de asegurar que las actividades que se lleven a cabo dentro de su jurisdicción no perjudiquen al medio de otros Estados [...]."

A la luz del texto de la *Declaración de Estocolmo* podemos afirmar:

1. Lo más importante de este mundo es el ser humano.

2. La especie humana es la especie a respetar y proteger.

3. El cuidado y protección del medio ambiente y de sus especies de flora y fauna solo tiene sentido si se realiza para bien y provecho de las generaciones presentes y venideras de la humanidad.

4. Los recursos naturales de la tierra pertenecen a la humanidad, y su explotación corresponde a los Estados siempre para beneficio y provecho de los seres humanos y pensando no solamente en las generaciones presentes sino también en las venideras. Es decir, que los Estados están al

servicio de la humanidad ya que son sus gestores y servidores. Por lo tanto, además de gestionar bien los recursos naturales, todas sus acciones deben tener como finalidad el bien de la humanidad.

Esto nos lleva a cuestionar la autoridad moral, y la legitimidad del Estado para aprobar leyes del tipo Herodes 2/2010, donde se reconoce el derecho al aborto y a la anticoncepción, conductas ambas directamente dañinas, tanto para la comunidad nacional como para la especie humana.

<u>*Declaración Universal de los Derechos Humanos (1948)*</u>

"PREÁMBULO:

Considerando que la libertad, la justicia y la paz en el mundo tienen por base el reconocimiento de la dignidad intrínseca y de los derechos iguales o inalienables de todos los miembros de la familia humana;

Considerando que el desconocimiento y el menosprecio de los derechos humanos han originado actos de barbarie ultrajantes para la conciencia de la humanidad [...].

[...]

LA ASAMBLEA GENERAL PROCLAMA:

Art. 3 - Todo individuo tiene derecho a la vida [...].

[...]

Art. 7 - Todos son iguales ante la ley y tienen, sin distinción, derecho a igual protección de la ley. Todos tienen derecho a igual protección contra

toda discriminación que infrinja esta Declaración y contra toda provo-
cación a tal discriminación.

[...]

Art. 25.2 - La maternidad y la infancia tienen derecho a cuidados y
asistencia especiales. [...]

[...]

Art. 30 – Nada en esta Declaración podrá interpretarse en el sentido
de que confiere derecho alguno al Estado, a un grupo o a una persona,
para emprender y desarrollar actividades o realizar actos tendentes a la
supresión de cualquiera de los derechos y libertades proclamados en esta
Declaración.”

De la lectura del texto íntegro de esta Declaración se desprende que el aborto no aparece como tal derecho en ninguno de sus artículos. Lo que sí aparecen son derechos contrapuestos, cuando no contrarios, o incompatibles con él. Tal sería el caso del derecho a la vida y de los derechos a la protección de la maternidad y de la infancia.

En referencia al derecho de igualdad de protección ante la ley, al concebido abortado la única ley que se le aplica es la que ampara, justifica y legaliza el aborto, por lo que en este caso resulta un sarcasmo hablar de “protección” de la ley.

En la ley Herodes 2/2010 que legaliza el aborto en España, aparecen expresiones como *“garantizar y proteger los derechos e intereses en presencia de la mujer y de la vida prenatal”*, *“eficaz protección del bien jurídico penalmente tutelado”* o *“la vida prenatal como bien jurídico merecedor de protección que el legislador debe hacer eficaz"*. Todas las expresiones que figuran en el Preámbulo de dicha ley devienen en una broma macabra al consagrarse en el articulado el derecho al aborto.

En referencia a la discriminación, el concebido abortado sufre una doble discriminación:

a. Frente al resto de concebidos cuyas madres continúan con el embarazo;

b. Frente a sus hermanos si los tiene, o si llegan en el futuro.

Los Considerandos 1 y 2 del Preámbulo de la DUDH parecen redactados especialmente pensando en el fenómeno del aborto legal, amparado y regulado por un gran número de Estados.

Desde luego que el fenómeno global del aborto desprecia la dignidad intrínseca y los derechos iguales e inalienables de todos los miembros de la familia humana, y este menosprecio masivo de los derechos humanos nos conduce al episodio más negro, cruel y macabro de la historia de la humanidad. Y esto es así:

1. Por el número de víctimas, ¿20, 30, 40 ... millones anualmente?

2. Por la categoría y calidad de las víctimas, un ser absolutamente indefenso, inofensivo e inocente.

3. Por dónde se realiza, en el seno materno, precisamente el lugar designado por la naturaleza para su desarrollo por su garantía de tranquilidad y seguridad.

4. Por quien lo realiza, generalmente un médico, cuya misión no es precisamente matar, sino sanar y salvar vidas.

5. Porque todo esto está protegido y auspiciado por el Estado, que se justifica en una ley que en el caso de España es la ley Herodes 2/2010 donde se reconoce el derecho al aborto, legitimando las actuaciones de todos los actores

que intervienen en el proceso del aborto estatalizado. Ahora bien, esta ley fundamenta su derecho al aborto en un argumento falso desde todos los puntos de vista.

En la ley se parte de la base que existe un choque entre los intereses y derechos de la madre con los del concebido, predominando los de aquélla por ser titular de una vida plena, frente al concebido, que se considera poseedor de una vida en formación menos valiosa que la de la madre.

Es falso que una vida se encuentre en formación y que valga más o menos que otra vida. La vida nace en el momento de la fecundación y EVOLUCIONA continuamente hasta el momento de su extinción.

Si aceptamos la vía del perfeccionamiento mediante el desarrollo, el valor de la vida variaría continuamente al alza desde su nacimiento hasta su plenitud, donde alcanzaría su máximo valor y a partir de ahí se degradaría y desvalorizaría paulatinamente hasta el momento de su extinción. La vida tiene un valor intrínseco independiente del momento de la misma, ya que todos los seres humanos atraviesan las mismas etapas a lo largo de su existencia, cometiéndose un error asignándole valores diferentes según el momento.

Respecto a lo de los intereses y derechos contrapuestos, esto encierra una pequeña trampa: no son la misma cosa ni pueden tener el mismo tratamiento, por lo que no pueden ir en el mismo paquete los intereses y los derechos. Cada individuo tiene sus intereses y estos pueden ser de todo tipo y condición, y cuando haya choque de intereses será el juez quien dirima la cuestión. Ahora bien, lo que no puede ser es que un interés particular justifique la muerte de un ser humano.

Respecto a los derechos, tanto a la madre como al hijo como a todo ser humano les amparan los derechos humanos que nunca dan lugar a situaciones de incompatibilidad. La posesión de derechos no acarrea problema alguno, más bien estos se originan por el ejercicio abusivo de los derechos y para estos casos están los jueces.

El caso de grave peligro para la vida de la madre no se puede simplificar a un caso de choque de derechos, sino que más bien es una situación compleja con múltiples factores a tener en cuenta, siendo aconsejable estudiar cada caso atendiendo especialmente a las opiniones médicas.

Es decir, que la ley paraguas que ampara y protege al Estado y demás actores que participan del episodio del aborto legalizado, es una ley sin argumento que la justifique, y ello es así porque el derecho al aborto, como ya vimos anteriormente, es un derecho imposible.

Esto deja a todos ellos en una posición muy delicada, desde el punto de visto jurídico.

Declaración de los Derechos del Niño (1959)

"PREÁMBULO:

[...] Considerando que el niño, por su falta de madurez física y mental, necesita protección y cuidados especiales, incluso la debida protección legal, tanto antes como después del nacimiento.

[...]

Principio 4:
El niño debe gozar de los beneficios de la seguridad social. [...] Deberán proporcionarse tanto a él como a su madre, cuidados especiales, incluso atención prenatal y postnatal. [...]

Principio 5:

El niño física o mentalmente impedido o que sufra algún impedimento social debe recibir al tratamiento, la educación y los cuidados especiales que requiere su caso particular. […]"

Convención sobre los Derechos del Niño (1990)

"PREÁMBULO:

[…] El niño, por su falta de madurez física y mental, necesita protección y cuidados especiales, incluso la debida protección legal, tanto antes como después del nacimiento.

Art. 23:
1. Los Estados Partes reconocen que el niño mental o físicamente impedido deberá disfrutar de una vida plena y decente en condiciones que aseguran su dignidad […].
2. Los Estados Partes reconocen el derecho del niño impedido a recibir cuidados especiales […].
3. En atención a las necesidades especiales del niño impedido, […] la asistencia que se le preste será gratuita siempre que sea posible […].
4. Los Estados Partes promoverán con espíritu de cooperación internacional, el intercambio de información adecuada en la esfera de la atención sanitaria preventiva y del tratamiento médico, psicológico y funcional de los niños impedidos […]."

Respecto a los puntos seleccionados tanto de la Declaración de 1959 como de la Convención de 1990 merecen comentario:

a.   El derecho a la protección legal del niño antes y después de su nacimiento.

b.   Ninguna de las leyes que autorizan el aborto establecen un procedimiento en el que el concebido pueda ser defendido por un tutor o representante y, por lo tanto, todos los abortos del mundo se llevan a cabo pisoteando el derecho de protección legal del concebido, y a partir de ahí el desprecio total del derecho a la vida. Y todo ello gracias a unas leyes promulgadas por estados firmantes de todas las Convenciones y Declaraciones de las Naciones Unidas.

c.   Los supuestos especiales de derecho al aborto por enfermedad de la madre y enfermedad o malformaciones en el feto quedan desautorizados por el reconocimiento del derecho de asistencia sanitaria de la madre y del niño antes y después de su nacimiento, así como del derecho del niño mental o físicamente impedido a recibir todas las atenciones y cuidados que necesite.

Es decir, que frente al aborto, en los documentos de Naciones Unidas no se menciona (el aborto) como solución de nada, muy al contrario, se brindan soluciones socio-sanitarias en forma de derechos.

Lo que resulta muy extraño es que siendo considerado el aborto legal como una conquista social positiva y progresista buena para la sociedad y para la mujer ya que contribuye a su realización y liberación, los Estados pro-aborto no le den el mismo trato que a la sanidad o la enseñanza y lo hagan de ejercicio obligatorio. Esto no sucede así, ni sucederá, no siendo por respeto a la libertad de la mujer sino por otras causas menos altruistas.

Supongamos declarado el aborto obligatorio a nivel global, ¿qué consecuencias tendría?

a   A los cien años no quedaría ni rastro de la especie humana.

b.   A los sesenta años se podría dar por desaparecida la especie, quedando algunos individuos viejos e incapacitados para reproducirse, condenados a la extinción.

c.   ¿En qué años fijamos el punto de no retorno? ¿Treinta años tal vez? Da lo mismo. Todo lo anterior son respuestas a la hipótesis del aborto coactivo y este no es el caso. Pero nos sirve para demostrar que el aborto no solo no es bueno sino que es malo, y puede ser letal para la comunidad y para la especie humana.

Probablemente este es el motivo por el que el Estado exige petición y confirmación, ambas firmadas, y al médico le concede objeción de conciencia mediante previa solicitud realizada por escrito. Es decir, queda constancia de que el aborto se realiza libre y voluntariamente por la mujer que lo solicita y el médico que lo practica.

Evidentemente, el Estado quiere eludir toda responsabilidad pero es difícil pues es quien legaliza y financia el aborto.

Todo lo anterior entra en el terreno de las hipótesis pero ahora hablamos de realidades: El Estado autoriza y financia:
- la anticoncepción
- los procesos de esterilización
- el aborto quirúrgico

Dejando su realización a la libre decisión del ciudadano de manera que la evolución demográfica y el propio destino de la comunidad queda en manos de sus ciudadanos, pero actuando sin ningún tipo de organización ni inteligencia rectora alguna sino bajo una total anarquía.

Esta conducta del Estado supone, además de una grave irresponsabilidad, una total dejación de funciones pues el Estado es el responsable del cuidado, defensa y conservación de su comunidad, propósito claramente expresado por Naciones Unidas en la *Declaración de la Conferencia de las Naciones Unidas sobre el Medio Ambiente Humano*.

En esta Conferencia, además de afirmar que *"de todas las cosas del mundo, los seres humanos son lo más valioso"* también se habla de *"encarecer a los gobiernos y a los pueblos que aúnen sus esfuerzos para preservar y mejorar el medio ambiente en beneficio del hombre y de su posteridad"*.

Estas ideas quedan formuladas y desarrolladas a lo largo del texto (Principios 1, 2, 5, 13 y 18) siendo el Estado el responsable de su ejecución por mandato expreso de Naciones Unidas según el Principio 21:

"De conformidad con la Carta de las Naciones Unidas y con los principios del derecho internacional, los Estados tienen el derecho soberano de explotar sus propios recursos en aplicación de su propia política ambiental […]".

Podemos resumir la doctrina de Naciones Unidas en la presente Declaración en las dos afirmaciones siguientes:

a)   Tanto el medio ambiente (flora, fauna etc.) como los recursos naturales están al servicio de la humanidad presente y futura, no teniendo sentido su conservación, cuidado y explotación si no fuese por esta causa.

b)   Dentro de sus fronteras los Estados son soberanos y responsables de la explotación, cuidado y conservación de los recursos naturales y del medio ambiente, pero siempre en beneficio de la comunidad presente y futura.

Hay numerosos Estados que son muy escrupulosos con el cuidado y conservación de los recursos naturales y del medio ambiente, pero no sucede lo mismo con respecto a su comunidad, permitiendo conductas tales como la anticoncepción, la esterilización y el aborto, que son dañinos no solo para su comunidad sino también para la especie humana. Y esto rebasa sus fronteras, donde llega su responsabilidad pero no su soberanía, lo cual les acarreará consecuencias desagradables.

Estas tres conductas (anticoncepción, esterilización y aborto) son todas ellas muy dañinas para la comunidad y para la humanidad, pero a pesar de ello hay muchos Estados que las autorizan, elevándolas incluso a la categoría de derecho social al incluirlos en la cartera de servicios sanitarios gratuitos. De esta manera los ciudadanos ejecutan estas conductas con total impunidad ya que están amparados por la ley.

Esta estructura jurídica es efectiva dentro de las fronteras de Estado en cuestión, pero como el daño que ocasionan estas conductas a la comunidad y a la especie humana trasciende las fronteras y vulnera los principios y doctrina de Naciones Unidas, esa protección jurídica resulta absolutamente ineficaz, o al menos insuficiente, ya que si bien la anticoncepción, la esterilización y el aborto son legales allí donde la legislación los ampara, los daños causados a la comunidad y a la especie humana quedan impunes, pero ambas tienen posibilidad de defensa como vamos a ver a continuación:

Declaración Universal de los Derechos Humanos (1948)

Art. 29:
1. Toda persona tiene deberes respecto a la comunidad [...]
2. En el ejercicio de sus derechos y en el disfrute de sus libertades toda persona estará [...] con el único fin de asegurar el reconocimiento y el respeto de los derechos y libertades de los demás [...].
3. Estos derechos y libertades no podrán, en ningún caso, ser ejercidos en oposición a los propósitos y principios de las Naciones Unidas.

El primer deber del ciudadano para con su comunidad es el de respetarla y no agredirla, por lo que conductas como la anticoncepción, la esterilización y el aborto quedan totalmente descalificadas.

El apartado 2 nos habla de los límites en el ejercicio de los derechos y nos señala que hay que respetar los derechos de los demás. Pues bien, solo recordar que en el aborto se atropellan los derechos del concebido tales como el derecho a la vida, a la no discriminación, a la filiación, a la herencia, a la defensa legal y jurídica.

Apartado 3 – Entre los propósitos y principios de las Naciones Unidas no cabe duda que se encuentran el respeto, conservación y protección tanto de las comunidades nacionales como de la especie humana, por lo que conductas como la anticoncepción, la esterilización y el aborto quedan totalmente descalificadas.

Art. 30:

"Nada en la presente Declaración podrá interpretarse en el sentido de que confiere derecho alguno al Estado, a un grupo o a una persona, para emprender y desarrollar actividades o realizar actos tendientes a la supresión de cualquiera de los derechos y libertades proclamados en esta Declaración."

Es evidente que el derecho al aborto no está reconocido en la DUDH, y no es de extrañar pues el aborto es un hecho objetivamente malo cuya realización acarrea inexorablemente daños:

a.   Al concebido le atropellan derechos como el derecho a la vida, a la no discriminación, a la defensa legal etc., todos reconocidos en la DUDH.

b.   La madre sufre un grave trauma físico y psíquico de duración indeterminada, en ocasiones, de por vida.

c.   El Estado sufre perjuicios económicos.

d.   La comunidad pierde un futuro ciudadano.

e.   La humanidad pierde un ser humano.

A pesar de esto hay muchos Estados que invocando su soberanía dentro de sus fronteras, autorizan y financian el aborto, conductas que el Estado no puede realizar según el Art. 30 de la DUDH.

Es decir, con un total desprecio de la doctrina de Naciones Unidas, atropellando incluso los derechos humanos, se practican conductas dañinas que se perpetúan en el tiempo y que se extienden y generalizan cada vez más sin que se produzcan denuncias contundentes contra ellas.

Esto sucede por la sencilla razón de que al concebido, en vida, no se le da voz, y después se ha convertido en la nada, negándole todo derecho a defenderse. La madre tiene bloqueada cualquier acción de denuncia ya que es ella quien solicita el ejercicio del derecho. En España, la solicitud de aborto debe formularse por escrito y con doble instancia (petición y confirmación).

El Estado es el principal impulsor del aborto, legalizándolo y garantizando su ejercicio gratuitamente. Por lo tanto, es impensable que el Estado denuncie nada ya que tendría que hacerlo contra sí mismo.

A la comunidad debería defenderla el Estado correspondiente, pero ya hemos visto que en lo referente al aborto los Estados pro-aborto ni quieren ni pueden defender a su comunidad, pues tendrían que actuar contra ellos mismos al ser sus principales agresores.

A la humanidad debería defenderla las Naciones Unidas, pero al estar constituidas por Estados en los que muchos tienen legalizado el aborto, no cabe esperar reacción alguna en este caso concreto pues en muchas otras ocasiones sí que la ONU actúa en defensa de comunidades que sufren agresiones.

Dado que quienes tienen que defender a su comunidad nacional y a la humanidad de esta concreta agresión no lo han hecho en el pasado ni presumiblemente lo harán en el futuro, somos los individuos quienes tenemos que defenderlas, y no por generosidad o altruismo, sino por obligación, ya que como seres humanos somos parte de la humanidad y como ciudadanos pertenecemos a nuestra comunidad nacional, por lo que cualquier agresión o daño que reciban nos afecta directamente.

Hasta aquí hemos visto los motivos y razones que tenemos para defenderlas. A continuación analizaremos cómo podemos hacerlo, siendo la propia doctrina de las Naciones Unidas la que también nos proporciona el instrumento para ello como vamos a descubrir a continuación, estudiándola.

VI. _Convención para la Prevención y la Sanción del Delito de Genocidio (1951)_

"Las Partes contratantes,

Considerando que la Asamblea General de las Naciones Unidas, por su resolución 260 A (III), de 9 de diciembre de 1948, ha declarado que el genocidio es un delito de derecho internacional contrario al espíritu y a los fines de las Naciones Unidas y que el mundo civilizado condena.

Reconociendo que en todos los períodos de la historia el genocidio ha infligido grandes pérdidas a la humanidad.

Convencidas de que para liberar a la humanidad de un flagelo tan odioso se necesita la cooperación internacional.

Convienen en lo siguiente:
Artículo I:
Las Partes contratantes confirman que el genocidio, ya sea cometido en tiempo de paz ó en tiempo de guerra, es un delito de derecho internacional que ellas se comprometen a prevenir y a sancionar.

Artículo II:
En la presente Convención, se entiende por genocidio cualquiera de los actos mencionados a continuación, perpetrados con la intención

de destruir, total o parcialmente, a un grupo nacional, étnico, racial o religioso como tal:

a) ...

b) ...

c) ...

d) Medidas destinadas a impedir los nacimientos en el seno del grupo

e) ...

Artículo III:

Serán castigados los actos siguientes:

a) El genocidio;

b) La asociación para cometer genocidio;

c) La instigación directa y pública a cometer genocidio;

d) La tentativa de cometer genocidio;

e) La complicidad en el genocidio.

Artículo IV:

Las personas que hayan cometido genocidio o cualquiera de los otros actos enumerados en el Artículo III, serán castigados, ya se trate de gobernantes, funcionarios o particulares.

Artículo V:

Las Partes contratantes se comprometen a adoptar, con arreglo a sus Constituciones respectivas, las medidas legislativas necesarias para asegurar la aplicación de las disposiciones de la presente Convención, y especialmente a establecer sanciones penales eficaces para castigar a las personas culpables de genocidio o de cualquier otro de los actos enumerados en el Artículo III.

[...]

Artículo VIII:

Toda Parte contratante puede recurrir a los órganos competentes de las Naciones Unidas a fin de que estos tomen, conforme a la Carta de las Naciones Unidas, las medidas que juzguen apropiadas para la prevención y la represión de actos de genocidio o de cualquiera de los otros actos enumerados en el Artículo III."

En la introducción de la Convención se afirma que el genocidio es un delito contrario al espíritu y los fines de las Naciones Unidas, que a lo largo de la historia ha infligido graves daños a la humanidad, y que para liberar a ésta de un flagelo tan odioso se necesita la cooperación internacional.

Analicemos los datos y los hechos y juzguemos si el aborto regulado estatalmente no constituye un verdadero genocidio contra sí mismo, que sumado a lo que sucede en el resto de Estados abortistas, nos conduce a un gran genocidio global.

Si consideramos los datos solamente de abortos, ya que de anticoncepción y esterilización no se conocen estadísticas, las cifras escandalizan.

Número aproximado de abortos declarados durante un año:

España	110.000
Unión Europea	1.000.000
Total Mundo	40.000.000 - 60.000.000

Si escandaloso es el número, lo es más si consideramos que son seres humanos inocentes, inofensivos e indefensos, que no han surgido por generación espontánea sino que han sido llamados mediante el libre ejercicio del derecho a la maternidad, y todo esto de forma legal y generalmente gratuita.

Para ello, cada Estado abortista en el ejercicio de su soberanía aprueba su ley en la que reconoce el derecho al aborto del que disfruta la mujer embarazada, siempre a petición propia, y como es un acto legal no acarrea ningún tipo de responsabilidad jurídica penal para la mujer ni para el médico que lo realiza.

Ahora bien, si tenemos en cuenta que bajo el amparo de la legislación de cualquier Estado abortista tienen lugar miles de abortos, y que junto a los efectos de la anticoncepción y de la esterilización son muchos los miles de nacimientos impedidos, esto causa un grave daño a la comunidad nacional respectiva. Y causar daño a un grupo nacional con medidas destinadas a impedir los nacimientos en el seno del grupo es una conducta tipificada como genocidio en el Art. II.d) de la *Convención para la Prevención y la Sanción del Delito de Genocidio*, lo que nos conduce ante la posibilidad de que en cada uno de los Estados donde una ley reconoce y ampara el derecho al aborto existe la posibilidad de que allí se está cometiendo un genocidio. Evidentemente, serán los jueces y tribunales competentes quienes deberán determinarlo.

El delito no lo comete la ley sino las personas, bien sean gobernantes, funcionarios o particulares.

Lo cierto es que son muchos los Estados donde se reconoce el derecho al aborto, y todos ellos contribuyen con su cuota parte a la cifra global, anual de 40 - 60 millones de abortos que, sumados a los nacimientos impedidos mediante procedimientos de anticoncepción y esterilización, constituye un verdadero ataque contra la humanidad, poniendo en peligro su propia existencia, y esto es un GENOCIDIO GLOBAL Y TOTAL que sufre la humanidad al ser acosada continua y constantemente en todas las latitudes del globo. Debemos de tener muy en cuenta que esta situación se alcanza por la suma de genocidios nacionales que cada estado permite e incluso ellos mismos provocan y colaboran. Una situación así es inimaginable, no cabe en la mente humana. Un genocidio global suma de los genocidios de grupos nacionales promovidas desde los propios estados. ¡Increíble pero cierto!

En cada uno de estos Estados abortistas tienen lugar miles de abortos, lo que ocasiona un grave daño a la comunidad nacional que el Estado presume antes, conoce su realización, y finalmente le confirman los datos. Y si en lugar de impedir el daño, lo autoriza y pone todos los medios para su realización, es que desea causar el daño. Y esa conducta consistente en agredir a un grupo nacional, causándole daño y queriendo hacerlo, según la doctrina de las Naciones Unidas constituye un delito de genocidio.

Si tomamos España como ejemplo vemos como en 2011, según datos del INE, nacieron un 35 % menos niños que en 2010. La tasa de fecundidad cayó hasta el 1,35 cuando se necesita un 2,1 para garantizar la supervivencia del grupo. La edad promedio del pueblo español crece de forma continuada al ritmo de 2,5 años por década. Es decir, nos encontramos ante el fenómeno que se denomina *"invierno demográfico"*, o dicho de forma más gráfica, *"suicidio demográfico"*.

El Estado conoce muy bien estos hechos ya que el INE, que es quien proporciona los datos, es un organismo estatal.

Esta catástrofe demográfica tiene lugar como consecuencia de la práctica de conductas dañinas para la comunidad tales como la anticoncepción, esterilización y aborto, que el Estado conoce, permite y fomenta, de donde se deduce que las DESEA.

En España se vendieron en el año 2011 casi 20 millones de píldoras anticonceptivas, la mayor parte en libre mercado.

La Seguridad Social paga el 60% de casi una veintena de productos anticonceptivos.

De la píldora del día después se vendieron en el año 2011 casi un millón de dosis. A día de hoy (julio de 2012), se adquiere sin receta médica en el mercado libre, apreciándose en su consumo fuertes incrementos.

Esta píldora presenta la particularidad de que si actúa antes de la fecundación lo hace como anticonceptivo, y si actúa una vez fecundado el óvulo tiene lugar un verdadero aborto químico que vulnera incluso a la propia ley Herodes 2/2010, donde para abortar es necesario pasar por un proceso administrativo compuesto de solicitud, entrega de información, período de reflexión y confirmación, y que además obligatoriamente debe realizarlo un médico. Pues todo esto lo vulnera el Estado al permitir la venta sin receta médica de la píldora del día después.

Respecto al aborto quirúrgico en España podemos afirmar que es la Seguridad Social la que sufraga la totalidad de los gastos. En el año 2011 se materializaron 113.000 abortos que se realizaron en 147 abortorios privados que tienen establecidos conciertos con el Estado en cuyo condicionado se fija el precio que el Estado debe pagar por cada aborto.

Igualmente es la Seguridad Social la que cubre todos los gastos de las operaciones de vasectomía, ligaduras de trompas y esterilizaciones.

De lo anterior se deduce que el Estado conoce y participa de manera activa, continuada y decisiva en la materialización de los hechos causantes del daño a la comunidad nacional y a la humanidad, luego desea que así suceda, pues si su voluntad fuese la de evitar los daños, lo haría ya que tiene capacidad y competencias para ello, pero no lo hace. Contrariamente, lo que sucede es que el Estado teje un entramado legal que ampara y protege todas las conductas, actividades, productos y procesos que intervienen en la anticoncepción, esterilización y aborto, quedando también los sujetos que los realizan inmunizados frente a las sanciones civiles, penales y administrativas. Pero este escudo legal, como sucede con las vacunas de la gripe, no es del todo efectivo, dejando zonas desprotegidas donde el Derecho con mayúscula puede intervenir reparando la injusticia.

Hemos visto que estas conductas (anticoncepción, esterilización y aborto), a pesar de ser legales, son muy nocivas y dañinas para la comunidad nacional. Pero se persiste en su realización, poniendo los medios necesarios para ello, pudiendo establecerse que se desea causar el daño, pues si no fuese así, se emprenderían acciones para evitarlo, cosa que no sucede.

Nos encontramos ante una situación en la que se causa daño a una comunidad nacional evitando concepciones y abortando nacimientos con perfecto conocimiento y total voluntad de realizarla, y esto, según la *Convención para la Prevención y la Sanción del Delito de Genocidio* (Art. II) es una conducta tipificada como genocida.

Si existe o no delito de genocidio y quién o quiénes son los autores es cosa a determinar por los jueces y tribunales competentes para ello.

Si consideramos la conducta tipificada que aquí procede y que el Art. II.d) de la *Convención para la Prevención y la Sanción del Delito de Genocidio* describe mediante expresiones tales como *"Medidas destinadas a impedir los nacimientos en el seno del grupo"* y *"[…] con la intención de destruir, total o parcialmente, a un grupo nacional […] "*, de las conductas que nos pueden llevar a cometer genocidio (anticoncepción, esterilización y aborto) es la anticoncepción la más sencilla y de fácil acceso y quizás por ello sea la que causa más daño tanto a la comunidad como a la humanidad dado el enorme número de dosis vendidas con su correspondiente número de nacimientos evitados.

El aborto, por el contrario, puede ser que cause menos daño tanto a la comunidad como a la humanidad, especialmente si lo medimos en función del número de nacimientos impedidos. Ahora bien, el aborto, dada su naturaleza y circunstancias (destrucción de un ser humano indefenso e inocente) acontece con el permiso de la madre y bajo el amparo y protección del Estado. Sin embargo, el dolor y el horror que sufren las madres sólo ellas lo conocen.

El fenómeno global del aborto constituye una barbarie contra la comunidad que lo sufre y es un acto ultrajante para la humanidad, incompatible con la dignidad de la persona.

Si pensamos en el genocidio nos vienen a la mente imágenes de campos de concentración y de rebeliones de la población civil reprimidas brutalmente por los ejércitos del tirano. Es decir, lo que vemos y sufrimos es violencia, dolor, horror y muchas víctimas. ¿Y qué nos proporciona el aborto estatalizado? Pues, horror, dolor, mucho dolor presente y diferido, víctimas inocentes, muchas, demasiadas. Tengamos presente que el aborto estatalizado acarrea más víctimas que cualquier genocidio que en el mundo ha sido, y también violencia. Imaginemos los noticiarios de TV ofreciendo la relación diaria de los abortos practicados en la ciudad, provincia y nación, mostrándonos simultáneamente filmaciones de los abortos así como el tratamiento y destino dado a los restos biológicos.

Creo que podemos afirmar sin temor a equivocarnos que el fenómeno del aborto estatalizado no desmerece frente al genocidio, ni en dolor, ni en horror, ni en violencia. De hecho, lo sobrepasa por mucho en número de víctimas.

Una característica del fenómeno del aborto es la planificación de la ejecución de la víctima, asemejándose en esto al genocidio de campos de exterminio pero con la diferencia de que en vez de tener lugar de modo centralizado en una única instalación, los abortos se practican en gran número de centros dispersos por el territorio nacional, lo que evita el espectáculo de la afluencia diaria de mujeres embarazadas, si los abortos tuviesen lugar en una clínica central.

Total, que en cada Estado abortista nos encontramos ante un posible genocidio estatal que por agregación de Estados alcanza la meta y la gloria de alguien (supongo, pues esto no sucede por casualidad), incurriendo en un más que posible GENOCIDIO GLOBAL.

Como características específicas y diferenciadoras de otro tipo de genocidio podemos señalar los cinco puntos siguientes:

1.   Se realiza continuamente sin ningún tipo de pausa o interrupción;

2.   No tiene límites espaciales ni temporales;

3.   Es un proceso auto-sostenible que una vez puesto en marcha se adapta y acomoda automáticamente a las circunstancias y necesidades de cada momento, y esto sucede al estar garantizada la demanda, pues la mayoría de los servicios son a cargo del contribuyente.

En cuanto al aborto se refiere, la demanda de estos servicios se atiende por una red de abortorios debidamente homologados. Si hablamos de anticoncepción, son las empresas que fabrican, distribuyen y comercializan los anticonceptivos las que garantizan el suministro. Todo este entramado está mantenido, enervado y amparado por un cuerpo legal que emana del Estado, permitiéndole estar presente en los momentos clave, siendo el Estado quien:

a. legaliza el aborto, la anticoncepción y la esterilización;

b. autoriza y homologa los abortorios estableciendo conciertos con ellos;

c.concede licencias de fabricación para los anticonceptivos, homologándolos y registrándolos para su posterior distribución y venta en farmacias que también son de concesión administrativa.

4.   En el genocidio clásico, agresor y agredido están perfectamente definidos e identificados, y el genocidio acaba con la detención y derrota del grupo agresor o con el exterminio o sometimiento del grupo agredido. En el presunto GENOCIDIO GLOBAL solo un tribunal competente puede dictaminar si existe genocidio e identificar a los autores.

Caso de no apreciarse delito, sería interesante que se nos aclarase qué es un fenómeno de alcance mundial que provoca anualmente decenas de millones de abortos e incontables millones de fecundaciones evitadas por medio de la esterilización y de la anticoncepción.

Estos hechos no podemos calificarlos como catástrofe natural. Catástrofe sí, pero de natural no tiene nada ya que está controlada y regulada, dependiendo su final de la voluntad de los Estados. Tampoco podemos considerarlo como suicidio de la humanidad pues las víctimas son masacradas contra su voluntad.

5. Otra diferencia significativa del presunto GENOCIDIO GLOBAL es que las acciones que lo provocan (aborto y anticoncepción) son legales, por lo que las mujeres no cometen ningún tipo de infracción, pues actúan con permiso del Estado. Luego si estas acciones ejercidas según las normas del Estado causan algún daño, el responsable será el Estado.

Se considera que como el aborto y la anticoncepción son legales, su ejercicio no causa daño alguno y sólo afecta a quien lo practica, quedando dentro de la esfera de lo íntimo, para lo cual el Estado establece sus cautelas.

Este argumento repetido en todos y cada uno de los Estados abortistas nos conduce a la mayor carnicería de seres humanos que haya sufrido la humanidad a lo largo de su historia llevada a cabo aparentemente de manera legal.

En el PREÁMBULO de la DUDH en el Considerando 2° dice *"que el desconocimiento y el menosprecio de los derechos humanos han originado actos de barbarie ultrajantes para la conciencia de la humanidad".*

Estas palabras reflejan exactamente lo que ocurre con el tema del derecho al aborto.

Esta barbarie generalizada y global tiene lugar bajo el escudo de legalidad proporcionado fundamentalmente por las leyes-aborto mediante las cuales los Estados abortistas conceden el derecho al aborto a sus nacionales bajo determinados requisitos. Lo que es lo mismo, el Estado autoriza a la mujer embarazada a eliminar al concebido no teniendo competencias el Estado para conceder esta autorización pues ni el Estado ni tampoco la madre son dueños de la vida del concebido.

En el momento de la fecundación nace un nuevo ser con identidad genética propia que le acompañará a lo largo de su vida porque ambas, vida e identidad, le pertenecen.

Lo que sí tienen el Estado y la madre es la obligación de proteger al concebido.

Por otra parte, el concebido no es un "ocupa" ni brota espontáneamente, sino que aparece en el lugar y momento adecuados como consecuencia de la voluntad de la madre y del padre de seguir el guión fijado por la naturaleza.

Todas estas leyes que amparan al aborto, además de injustas, atropellan el derecho y los Derechos Humanos.

El derecho al aborto es obra de los Estados abortistas y se publicita como un derecho de última generación, social y pro-gresista; pero este derecho no está recogido ni reconocido en la DUDH.

La clave de esta omisión del derecho al aborto la tenemos en la propia DUDH en el Art. 29.2:

"En el ejercicio de sus derechos y en el disfrute de sus libertades toda persona estará solamente sujeta a las limitaciones establecidas por la ley con el único fin de asegurar el reconocimiento y el respeto de los derechos y libertades de los demás [...]".

Todas las leyes aborto menosprecian y violan este y otros artículos de la DUDH. Mediante estas leyes-aborto los Estados crean un derecho calificado como moderno, social y progresista, que lo conceden a la mujer embarazada. Sin embargo, su ejercicio conlleva necesariamente una colisión con el derecho a la vida del concebido, que es un derecho reconocido y recogido en la DUDH, estando obligados los Estados a reconocerlo y protegerlo, siendo por supuesto prevalente sobre el derecho al aborto de la madre que no está reconocido ni viene recogido en la DUDH.

Otro encontronazo con el Derecho que descalifica al propio derecho al aborto consiste en que su materialización sólo ocasiona daños a los directamente afectados, empezando por el concebido a quien le quitan la vida. La madre, además de los daños propios del aborto, probablemente padecerá graves secuelas psicológicas. El Estado sufre daños económicos además de perder un futuro ciudadano y tanto la comunidad nacional como la humanidad pierden un individuo, un ser humano. Beneficios económicos los obtienen los abortorios y los médicos abortistas.

Visto lo anterior llegamos a la conclusión de que no se puede materializar el derecho al aborto sin incurrir en un grave abuso de derecho.

Estos atropellos del Derecho no son fruto de la casualidad sino que suceden como lógica consecuencia de la falsedad de los fundamentos de estas leyes-aborto, que no sólo son falsos sino que además olvidan y menosprecian la doctrina de la ONU y a la propia DUDH. Muchas de estas leyes fundamentan el derecho al aborto en el derecho de la mujer a la libre decisión de la maternidad, derecho que no viene recogido como tal en La DUDH, no siendo más que una manifestación de la libertad como otras muchas manifestaciones de la vida: podemos comer lo que nos apetezca, elegir nuestro vestuario o decidir el destino de vacaciones. Todos estos derechos no son más que una consecuencia o derivada del derecho a la libertad que cada individuo tiene.

La libertad de decisión de la maternidad no es una conquista moderna de las leyes-aborto ni de los Estados abortistas. La mujer materializa su decisión de maternidad al acostarse libremente con un varón elegido, y esto lo vienen realizando las mujeres desde hace tiempo.

Otra forma de practicar la libre decisión de la maternidad consiste en renunciar a ella entregando al hijo en adopción. Esto también viene practicándose desde hace tiempo.

Lo que no puede hacer la madre es renunciar a la maternidad matando al hijo como tampoco puede matar al concebido, hijo intrauterino, pues ambos tienen derecho a la vida que debe respetarse ya que el disfrute de las libertades tiene como límites, entre otros, el respeto a los derechos de los demás (Art. 29.2 DUDH).

Hay otro grupo de leyes-aborto que justifican el derecho al aborto en la existencia de supuestos tales como la enfermedad de la madre o enfermedad y malformaciones en el feto. Lo cierto es que en la DUDH no se contempla el derecho al aborto bajo ningún concepto ni supuestos o situaciones especiales. Por el contrario, la doctrina de la ONU (*Declaración de los Derechos del Niño* y *Convención sobre los Derechos del Niño*) da respuesta a estos supuestos mediante el derecho de tratamiento sanitario prenatal y postnatal tanto de la madre como del hijo así como el derecho a las atenciones y cuidados especiales que necesitan los niños física o mentalmente discapacitados. Este derecho de los niños discapacitados viene recogido y especialmente detallado en el Art. 23 de la *Convención sobre los Derechos del Niño*, donde se involucra a los Estados para que los niños reciban las atenciones necesarias independientemente de las circunstancias económicas de los padres y de las personas responsables.

Lo que sucede con estas leyes-aborto es que no solo atropellan el Derecho sino que olvidan y menosprecian los derechos humanos. Para ellas el Art. 29 de la DUDH lo ignoran, ¡NO EXISTE!, y cuando legalizan el derecho al aborto, atropellan y avasallan el derecho a la vida, a la no discriminación, a la defensa jurídica, a un padre y una madre y a la herencia. Todos estos derechos pertenecen al concebido, teniendo el Estado la obligación de garantizar su uso y disfrute.

En el 2º Considerando de la DUDH se nos advierte que la violación de los derechos humanos nos conduce a la barbarie. Consecuencia de la vigencia simultánea de estas LEYES Herodes se perpetra una vulneración de los derechos humanos de tal magnitud, que nos conduce a la mayor y más grave masacre de la historia de la humanidad. Nos encontramos ante un presunto GENOCIDIO GLOBAL propiciado y auspiciado por los Estados y sus respectivas LEYES Herodes. Tal es la magnitud de esta barbarie y tal es la fuerza que tiene, que lo arrolla todo. No hay institución ni organización competentes en la materia que se atrevan a denunciarlo u oponerse. Personalmente creo que hay miedo, asusta enfrentarse, y cuando se encuentran en la tesitura de tener que pronunciarse, procuran buscar un argumento imaginativo que les permita incorporarse a la marea abortista. Este podría ser el caso del Parlamento Europeo, que durante años no ha reconocido ni se ha pronunciado sobre el derecho al aborto mientras en la mayoría de la Unión Europea se reconocía este derecho por medio de las leyes-aborto. Y cuando un grupo de parlamentarios fuerza una votación presentando al aborto como conducta idónea para combatir el Sida, el Parlamento acepta la idea y reconoce el derecho al aborto.

Aceptar este supuesto para justificar el aborto no es sólo una burla del Derecho y de la Equidad sino además un insulto a la inteligencia, al sentido común y, en definitiva, al ciudadano. Y si no, cómo podemos entender que en un escenario donde hay tres actores, padre, madre y concebido, siempre sea este último el que sufre el castigo a pesar de ser el único inocente, mientras los padres pueden seguir usando y disfrutando del sexo, engendrando nuevos hijos que podrán ser eliminados legalmente por motivo de luchar contra el Sida.

Vamos, que no podemos considerar que la resolución del Parlamento Europeo que aprueba el derecho al aborto sea un modelo de equidad, como tampoco lo es de sentido común, pues contra el Sida deberá lucharse desde la ciencia y la medicina mientras el Parlamento debería aprobar partidas presupuestarias para tal fin.

Si añadimos que bajo ningún supuesto está reconocido el derecho al aborto en la DUDH, y no puede estarlo porque su materialización conlleva la violación de los derechos universales del hombre, nos permite concluir sin temor a errar que esta resolución además de despreciar el Derecho y la Equidad ofende al sentido común.

En EEUU la Administración Obama está intentando aprobar una ley que obliga a ciertas instituciones como colegios, hospitales y otras, contratar pólizas de seguros a favor de sus empleados que contemplan la gratuidad de la anticoncepción, la esterilización y el aborto.

Consecuencia y resultado de la posición y predisposición de los Estados abortistas son los muchos millones de abortos y también muchos millones de nacimientos impedidos a consecuencia de los procedimientos de esterilización, y de los procesos de anticoncepción. Desconozco el número exacto, pero si hay alguna institución que dispone de datos fidedignos, por favor, hágalos públicos.

Lo cierto es que hablamos de cifras astronómicas. Considerando conjuntamente los casos de aborto, esterilización y anticoncepción a nivel mundial y por períodos anuales, me atrevería a afirmar que nos movemos en cifras de 100, 200, 300 ó 400 millones de nacimientos impedidos bajo protección legal, ya que estas cifras se alcanzan por la suma de los casos habidos en los Estados abortistas en los que estas prácticas están legalizadas.

Ahora bien, según la *Convención para la Prevención y la Sanción del Delito de Genocidio* (Art. II.d)), se entiende por genocidio, entre otros, las *"Medidas destinadas a impedir los nacimientos en el seno del grupo"*. Pero para que se perfeccione el genocidio se requiere la intención de hacer daño al grupo.

Si en un Estado abortista se impiden anualmente 30 millones de nacimientos (mediante aborto, anticoncepción y esterilización), esto sucede como consecuencia directa de las medidas tomadas por el propio Estado tales como:

Legalización del aborto, de la anticoncepción y de la esterilización, así como su inclusión en el Sistema Nacional de Salud;

a. Establecimiento de la infraestructura necesaria para atender la demanda;

b. Homologación de centros de aborto y firma de conciertos-sicario con dichos centros;

c. Permisos y autorizaciones para la fabricación, distribución y comercialización de anticonceptivos y abortivos.

d.   Además de estas medidas, los Estados proporcionan toda una serie de facilidades y ayudas nada desdeñables tales como la gratuidad de los servicios.

Es decir, como consecuencia directa de estas medidas se impiden millones de nacimientos en la propia comunidad, causando un daño directo en la evolución y desarrollo de la comunidad y de la humanidad que acarrea un descenso del índice de fecundidad y un envejecimiento de la población, conduciéndonos inexorablemente a una desestabilización del sistema de pensiones.

Evidentemente, los Estados conocen los efectos dañinos de las medidas que impiden los nacimientos ya que los daños alcanzan al propio Estado, pero a pesar de que tienen la competencia o la capacidad y la potestad para solucionarlo, persisten en el comportamiento y la masacre continua. Y ello es así, de lo contrario acabarían con ella, pues en sus manos está.

Pues bien, esta conducta encaja con la descrita en el Art. II.d) de la *Convención para la Prevención y la Sanción del Delito de Genocidio*, lo cual nos hace presumir que en los Estados abortistas se puede estar cometiendo un delito de GENOCIDIO.

1.   Llegado a este punto se pueden hacer dos precisiones:
2.   El delito de genocidio no lo cometen los Estados sino las personas, pudiendo ser estadistas, gobernantes, funcionarios o particulares;

Será siempre un Tribunal competente que determine si existe el delito así como el grado y tipo de participación y de colaboración de las personas involucradas.

Sin pretender interferir en la labor de los jueces, ya que serán ellos quienes en cada caso determinarán el grado de responsabilidad, si la hay, me atrevo a decir que la mujer que aborta no comete delito de genocidio ya que no tiene intención de hacer daño al grupo, actuando en su propio interés y para resolver una situación personal.

No podemos decir lo mismo del resto de personas que participan de este negocio, cuyas conductas resultan, cuando menos, muy sospechosas, y por lo tanto dignas de ser estudiadas con lupa.

A título de ejemplo, sin pretender que sea una lista cerrada, mencionaremos a:

- los médicos dedicados a practicar abortos (1, 10,100, 500...);
- los farmacéuticos que pueden dispensar anticonceptivos y abortivos sin receta;
- los dueños y administradores de los centros de aborto.

¿Y las empresas que fabrican y comercializan enormes cantidades de anticonceptivos y de abortivos, conociendo o sospechando que gran parte de ellos no van a ser utilizados con fines terapéuticos? Creo que es una situación que merece ser estudiada. Desde luego, dada la profesión, formación y conocimiento, se les supone conocedores del daño que causan tanto a la comunidad nacional como a la humanidad.

En cuanto a gobernantes y funcionarios, conocen perfectamente lo que hacen y sus consecuencias. La asignación de responsabilidades se verá facilitada por el hecho de que las funciones de cada uno vienen reguladas por ley.

CONCLUSIONES

Hemos visto que en los Estados abortistas se practican una serie de conductas con conocimiento, permiso, impulso y colaboración de los mismos Estados que causan graves daños a la comunidad nacional y a la humanidad, pudiendo muy bien calificarse estas conductas de genocidas.

Quienes tendrían que defender a sus comunidades y a la humanidad son los Estados; pero como son ellos los responsables no parecen dispuestos a autoinculparse. Así las cosas, el porvenir de la humanidad es muy negro.

Lo podemos resumir en una frase: Los órganos e instituciones que deben defender a la humanidad, la han traicionado.

Este es el punto en el que los ciudadanos debemos tomar la iniciativa, considerando que lo que es una obligación, defender la comunidad y la humanidad, dada la gravedad del momento esta obligación la hemos de transformar en MISIÓN.

Somos muchos millones en el mundo los defensores del derecho a la vida, y podemos estar orgullosos de ser ciudadanos modélicos. No nos mueve el odio ni la venganza, nuestro motor es el amor, el amor a la vida. Nos comportamos pacífica y civilizadamente como se demuestra en todas las concentraciones y manifestaciones que realizamos, lo cual no le preocupa gran cosa al poder establecido pues confían que con el paso del tiempo nos cansaremos de pedir el aborto "cero", y mientras tanto nos van soltando migajas del tipo, más plazo o menos plazo, supuesto sí o no, o sí, pero con condiciones. Este es un mercadeo tan indigno que no debemos tolerarlo.

Hermanos, en el futuro, sin modificar nuestro comportamiento y actitud, sí que tenemos que variar nuestra estrategia. Hemos de seguir siendo el mismo ciudadano modélico, civilizado y pacífico al que no mueve el odio, ni la venganza, sino el amor, el amor a la vida, pero como pensamos que la RAZÓN nos asiste, y que el DERECHO nos ampara, vamos a pedir JUSTICIA. Y aquí empieza nuestro cambio, no podemos pedir justicia por los abortos practicados bajo el amparo de la ley, solo nos queda el recurso del pataleo, y con suerte conseguiremos una pequeña modificación de la ley que no cambiará en nada la situación. Pero hermanos, si consideramos cualquier Estado donde tienen lugar 50.000 - 100.000 - 300.000 abortos con el añadido de 10 - 20 - 60 millones de dosis de anticonceptivos anualmente, esto constituye una gravísima agresión a la comunidad nacional y a la humanidad.

Llegados a este punto es cuando podemos y debemos pedir justicia para defender a la comunidad y a la humanidad que están protegidas por normas de Derecho Internacional tales como las Declaraciones, Convenciones y demás disposiciones en las que se contiene toda la Doctrina y Principios de Naciones Unidas, estando los Estados obligados a respetar y acatar estas normas, pues la gran mayoría de ellos las han ratificado con su firma.

En la *Convención para la Prevención y la Sanción del Delito de Genocidio* se afirma que causar daño intencionadamente a un grupo nacional tomando medidas que impidan el número de nacimientos del grupo, constituye delito de genocidio.

En cualquier Estado abortista, además de la ley que legaliza el aborto, tienen lugar otras disposiciones y conductas orientadas a impedir los nacimientos, siendo por ello merecedoras de sanción.

Hemos de llamar a las cosas por su nombre, y al genocida, además de llamarle genocida, hay que llevarle ante la Justicia. Estamos obligados a ello pues el genocidio es un delito horrendo y gravísimo, tanto, que no prescribe, siendo la modalidad de genocidio más repugnante y abominable la del aborto masivo con la colaboración de la ciencia y el amparo parcial de la ley. Y digo parcial porque las leyes tipo Herodes 2/2010 son una especie de ley-vacuna que inmuniza contra el aborto pero no contra los delitos que pueden derivar de su aplicación como puede ser el genocidio.

Gracias a esto podemos identificar y denunciar tanto el genocidio como a los genocidas, cosa que estamos obligados a hacer pues al genocida el único lugar que le corresponde en esta sociedad está ante la Justicia y donde ella decida.

El genocida lo tiene difícil pues el genocidio es un delito gravísimo que no prescribe, y al no ser considerado como delito político se puede pedir la extradición del genocida a cualquier país donde se encuentre. El genocida no va a encontrar refugio ni en el espacio ni en el tiempo.

Hermanos luchadores por el derecho a la vida, no va a ser fácil, pero no olvidemos que la RAZÓN nos asiste, que el DERECHO nos ampara y que tenemos la obligación de pedir JUSTICIA.

Hemos visto a la largo del libro cómo la Doctrina y Principios de Naciones Unidas avalan nuestras tesis y postura frente al aborto y al genocidio. Por la importancia que tiene, y debemos tenerlo muy presente, reproduzco el Art. 10.2 de la Constitución de 1978:

"Las normas relativas a los derechos fundamentales y a las liber-tades que la Constitución reconoce se interpretarán de conformidad con la Declaración Universal de los Derechos Humanos y los tratados y acuerdos internacionales sobre las mismas materias ratificados por España."

La Doctrina y Principios de Naciones Unidas son incompatibles con el derecho al aborto independientemente del motivo en que se fundamente (supuestos y plazos) y, en consecuencia, según el Art. 10.2 de la Constitución, en nuestro ordenamiento jurídico no hay cabida para la ley Herodes 2/2010 (ley de plazos) ni para ninguna otra ley de supuestos.

Hermanos, está claro que el DERECHO está de nuestra parte y los hechos son cada vez más tozudos, confirmándonos que la RAZÓN nos asiste, como lo confirma que un grupo compuesto por más de 3.000 científicos, investigadores, profesores universitarios, médicos y asociaciones como la Asociación de Bioética de Madrid, Profesionales por la Ética, CIVICA y otras más, han firmado un manifiesto en el que solicitan al Gobierno Español un cambio en la legislación española sobre reproducción humana asistida e investigación biomédica donde se permite la selección, destrucción y manipulación de embriones. Esta petición la fundamentan en una sentencia del Tribunal Europeo de Justicia del 17 de Octubre de 2011 que prohíbe registrar en la Unión Europea aquellas patentes fruto de investigaciones que hayan implicado la manipulación y destrucción de embriones humanos así como la utilización de estos con fines comerciales o industriales.

El Tribunal Europeo de Justicia fundamenta esta sentencia en la legislación sobre patentes que impide patentar el cuerpo humano en cualquier etapa de su desarrollo y en el respeto debido a la dignidad humana desde la fecundación.

Hay que resaltar la congruencia de esta sentencia con la Doctrina de Naciones Unidas plasmada en la *Declaración de los Derechos del Niño* y en la *Convención sobre los Derechos del Niño*, donde se reconoce al niño como sujeto de derechos desde el momento de la concepción.

El destino de todo embrión humano es el de crecer y evolucionar hasta llegar a la mayoría de edad, convirtiéndose en un ciudadano pleno, libre y responsable de su vida y obras, que está en disposición de devolver con creces a la comunidad lo que de ella ha recibido gracias a que se le han respetado los derechos que le corresponden tales como el derecho a la vida, a la no discriminación, al derecho de filiación, de herencia, defensa jurídica, asistencia sanitaria, enseñanza etc., derechos que nos permiten alcanzar la mayoría de edad, momento a partir del cual además de derechos se adquieren obligaciones, la primera de ellas respetar los derechos de los demás ciudadanos y de los embriones. Todos nosotros hemos alcanzado la edad adulta gracias a que se nos respetaron nuestros derechos, pues en el principio todos fuimos un embrión semejante a los del caso que nos concierne, lo que nos lleva a preguntarnos si el legislador que promulga una ley que permite matar y experimentar con embriones, cambiando por completo su destino natural, tiene autoridad moral para ello. La respuesta es NO, siendo exactamente la misma para los funcionarios encargados de aplicar y ejecutar la ley así como los científicos, investigadores y médicos que destruyen y experimentan con embriones humanos.

Estos comportamientos no son solo merecedores de una sanción moral sino que como con ellos se pueden estar vulnerando derechos fundamentales recogidos y reconocidos en la Doctrina de Naciones Unidas, pueden acarrear una grave sanción penal, en particular si consideramos que destruir embriones equivale a impedir el nacimiento de futuros ciudadanos, lo que ocasiona un daño a la comunidad nacional.

Pues bien, si los sujetos activos son conocedores de los efectos derivados de su conducta, podrían estar incurriendo en el delito de genocidio según la *Convención para la Prevención y la Sanción del Delito de Genocidio* (Art. II.d)).

La experiencia nos muestra que los Estados abortistas no rectifican su comportamiento, a lo sumo modulan un poco los requisitos que la ley impone pero para que todo siga igual. Tampoco podemos esperar de estos Estados que presenten denuncias contra sí mismos, por lo que tanto las comunidades nacionales respectivas como la propia humanidad quedan no solo desprotegidas y abandonadas sino también traicionadas por parte de quienes tienen la obligación de velar por ellas.

Ante esta situación somos los ciudadanos quienes debemos defenderlas y no solamente por altruismo sino por obligación, pues si tenemos en cuenta que toda esta locura se paga con nuestro dinero, si callamos no solo seremos cómplices sino colaboradores, lo cual repugna.

Creo que nuestra obligación consiste en, a la luz del Derecho, denunciar el delito allí donde tengamos indicios racionales de que existe.

En España deberíamos dirigirnos tanto al Defensor del Menor como al Defensor del Pueblo, recordándoles que la ley Herodes 2/2010 contiene una especie de procedimiento administrativo de solicitud de aborto donde el concebido está totalmente desamparado al no disponer de un tutor que ejerza su defensa legal y jurídica, siendo por lo tanto vulnerados los derechos fundamentales del concebido, por lo que les pedimos que estudien seriamente la posibilidad de llevar al Estado al Tribunal de Derechos Humanos de Estrasburgo.

Igualmente hemos de hacerles saber que mediante la anticoncepción, la esterilización y el aborto, además de infringir una grave agresión a la comunidad nacional, estas conductas podrían ser constitutivas de delito de genocidio, por lo que estimamos que deben ejercer las acciones pertinentes, no excluyendo la denuncia ante los tribunales competentes de las personas involucradas.

Si estas instituciones se declarasen incompetentes para realizar las actuaciones solicitadas, cosa improbable habiendo más de 100.000 abortos anuales en juego, pero nada descartable dado lo delicado del asunto, tendríamos que ser los ciudadanos quienes por medio de nuestras asociaciones ejerzamos la acción popular contra las personas que consideremos incursas en delito de genocidio.

Dada la magnitud y gravedad del asunto en cuestión, creo que además de las acciones anteriores deberíamos dirigirnos a las Naciones Unidas solicitando un pronunciamiento exigiendo el cumplimiento de sus Principios y Doctrina así como la imposición de las correspondientes sanciones a los Estados que incumplan.

La situación es muy grave y especialmente denigrante para el género humano, y el no hacer nada escondiendo la cabeza bajo el ala solo nos conduce a un empeoramiento de la situación.

Las Naciones Unidas deben saber que cuentan con el respaldo de muchos ciudadanos que creemos en su Doctrina y que esperamos la haga respetar y cumplir a todos aquellos Estados firmantes de los documentos que sustentan la Doctrina de las Naciones Unidas.

REFLEXIÓN FINAL

Es urgente y necesario luchar contra el aborto masivo y legal hasta su desaparición. ¡Pero ahí no acaba nuestra misión, pues el fenómeno de la lacra del aborto no es una cosa casual importada por una moda pasajera, sino una erupción purulenta, fruto y producto de una sociedad degenerada y degradada que camina hacia su destrucción! Algo habrá que hacer para cambiar el rumbo.

Educación, Sanidad y Justicia son materias necesarias y fundamentales para la existencia y desarrollo de cualquier sociedad.

Un buen sistema educativo nos producirá profesionales bien formados, que son la mejor garantía de futuro de la sociedad.

Un buen sistema sanitario repercutirá directamente tanto en la salud del individuo como del cuerpo social, dando lugar a una sociedad viva, alegre, activa, por lo tanto más feliz y productiva.

Un buen sistema judicial es la garantía del imperio de la ley en una determinada sociedad, siendo también responsable de garantizar una efectiva igualdad ante la ley de los ciudadanos, y también una administración de justicia ágil y accesible para todo el mundo que dé una respuesta eficaz a los problemas que se planteen en la sociedad.

¿Cuál es la situación en España de estos tres pilares de la sociedad? En la Enseñanza se ha "matado" al maestro y con él ha desaparecido también la relación entre maestro y alumno consistente en el cariño y respeto del alumno hacia el maestro, fundamento de la autoridad moral y natural de éste que repercutirá en el buen clima del aula.

El maestro es sustituido por muchos especialistas que aleccionan al alumno en sus respectivas materias, por lo que en el mejor de los casos tendremos alumnos informados, o tal vez "deformados", pero no formados íntegramente de acuerdo con su grado de madurez.

Las consecuencias son nefastas: indisciplina en las aulas, violencia generalizada entre alumnos (sufriéndola también los profesores, incluso procedente de algunos padres de alumnos), profesores desmoralizados y muchos de ellos víctimas de enfermedades nerviosas.

El resultado de todo esto es un alto grado de abandono y de fracaso escolar junto con unas pésimas valoraciones de los informes PISA *(Program for Internatonal Student Assessment)*, siendo esta materia prima la que llega a la Universidad, que tampoco sale muy airosa de las evaluaciones que sufre. Total, que el balance final es desolador. Por una parte una gran cantidad de jóvenes "descolgados", sin formación y sin sitio en la sociedad. El resto de jóvenes que acaba sus estudios, generalmente con un nivel bastante flojo, se ven obligados a perfeccionar estudios y no en pocas ocasiones a aceptar trabajos (incluso poco remunerados) que nada tienen que ver con la materia estudiada.

Así no se puede garantizar la supervivencia de una sociedad moderna, competitiva y puntera.

La Sanidad tiene como finalidad velar por la salud del enfermo, llevando a cabo este cometido a través de la figura del médico. Es decir, que la base y fundamento del Sistema Nacional de Salud debiera ser el binomio enfermo-médico y la especial relación que les une que siempre será cordial, respetuosa y de agradecimiento mutuo. El enfermo porque el médico cuida de su vida y salud, y éste halagado por la confianza que el enfermo le demuestra, poniéndose en sus manos.

Pero la socialización ha traído consigo, además de muchas cosas positivas, la irrupción del Estado a través del Sistema Nacional de Salud como sujeto dominante que impone un nuevo juego de relaciones.

El Sistema se mantiene por las aportaciones de los socios afiliados, lo cual les acarrea unos derechos entre los que se encuentra el tratamiento de la enfermedad. Llegado este momento el enfermo se transforma en paciente absolutamente sometido al Sistema que decidirá, quien, cómo y cuándo será atendido.

Por otra parte, los médicos y personal sanitario forman parte del Sistema al que están ligados por su relación laboral. Esto significa que el recorrido del paciente está dirigido y tutelado por el Sistema, y cuando llega al médico, éste le atiende, sin olvidar que el médico trabaja para el Sistema y no para el paciente, lo que hace que desaparezca la relación médico-enfermo. Además, el paciente sufre la rigidez y burocracia del sistema, lo mismo que el médico pero en este caso agravado por la existencia de los protocolos cuyo cumplimiento es obligatorio y conveniente para eludir responsabilidades.

Esto supone la anulación de la iniciativa del médico y personal sanitario, con lo que la profesión humanitaria por naturaleza queda totalmente deshumanizada y ello es la consecuencia de que para el Sistema no existe el enfermo sino la enfermedad.

No cabe ninguna duda de la idoneidad de los medios de que dispone nuestro Sistema Nacional de Salud ni de los conocimientos y preparación del personal sanitario en todos sus niveles, ni de la influencia e importancia que tienen en la salud y vida tanto del enfermo como de la sociedad.

Con el discurrir de la humanidad ha cambiado mucho el ritmo de la vida pero no el del enfermo, que sigue teniendo las mismas necesidades de siempre: alguien que trate su enfermedad y que le acompañe durante el transcurso de la misma, haciéndosela lo más llevadera posible. En definitiva, el enfermo necesita un médico con espíritu samaritano y la sociedad necesita, con carácter perentorio, un estamento sanitario comprometido con la defensa de la vida que se materialice de forma individualizada, p.ej. mediante la presentación masiva de objeciones de conciencia para practicar abortos, y a nivel corporativo con la publicación de manifiestos contra el aborto por parte de los colegios profesionales, Academias de Medicina, Facultades etc.

Una sociedad donde no funcione la Justicia se convierte en una jungla donde los poderosos disfrutan de todos los privilegios, abusando de los ciudadanos más indefensos y débiles. Para evitar esto necesitamos un estamento judicial que garantice el imperio de la ley, donde la ley sea igual para todos y todos seamos iguales ante la ley. Para ello necesitamos jueces independientes del poder político y del poder económico ajenos a la influencia de cualquier etiqueta o grupo de presión, y a los que por supuesto se les supone los medios como el valor. También les pedimos que siempre que sea posible actúen con luz y taquígrafos pero lejos de focos y lentes que aumentan, disminuyen ó deforman la imagen.

No cabe duda que tanto maestros-profesores, médicos y jueces, todos ellos ejercen una profesión bonita y vocacional pero cuyo ejercicio exige entrega, esfuerzo y dedicación, cosa no siempre reconocida por la sociedad. Ahora bien, lo que sí es cierto es que estos profesionales son necesarios e imprescindibles para el buen funcionamiento de la sociedad que debe reconocer y respetar a estos profesionales así como también a facilitar su trabajo colaborando en la medida de lo posible. Así, los padres deben trabajar activamente apoyando al profesor en su labor puesto que tienen el interés común de la educación del niño.

El enfermo no puede actuar de forma agresiva confundiendo al médico con el pararrayos del Sistema Nacional de Salud ni acudiendo a la consulta con una lista reivindicativa de derechos, pues de todos los derechos que pueda tener y esgrimir el enfermo al médico solo le afectan el derecho a la salud y el derecho a la vida, en el bien entendido que estos derechos no garantizan la ausencia de la enfermedad ni la inmortalidad, pues el médico no hace milagros ya que es un ser humano que puede cometer errores en su trabajo, como todo el mundo. De lo que podemos estar seguros es que en el médico encontramos una persona que pone toda su ciencia y paciencia al servicio del enfermo y en defensa de la vida.

Una Justicia equitativa y ágil es una Justicia eficaz que además de reparar el mal causado y de castigar al delincuente, inocula sensación de seguridad a la sociedad. Por el contrario, una Justicia lenta y/ó mediatizada por influencias ajenas no es Justicia ya que favorece al delincuente y origina en la sociedad una sensación de inseguridad jurídica similar a la producida por un mal ordenamiento jurídico. La primera conclusión que sacamos es que la sociedad debe proveer de los medios necesarios y suficientes para que los jueces realicen su trabajo correctamente.

La segunda es la necesidad de una Justicia independiente. La Justicia española ya está suficientemente mediatizada por el poder político a través de la Fiscalía General del Estado que depende del Gobierno. Asimismo, los miembros del Tribunal

Constitucional y del CGPJ son propuestos por los partidos políticos según cuota de representatividad, por lo que estos órganos son un reflejo del Parlamento Nacional.

Otro peligro para la independencia judicial proviene de las CCAA que, disponiendo de mucho poder y competencias, aspiran a participar o influir en la estructura de la Administración de Justicia de la Comunidad Autónoma.

Solo nos queda confiar en la integridad y profesionalidad de jueces y demás profesionales de la Justicia, cosa totalmente necesaria, pues allí donde no hay una Justicia eficaz la igualdad ante la ley es un sarcasmo, la democracia una farsa y la sociedad una jungla donde impera la ley del más fuerte. Y lo triste de esto es que puede ser una realidad presente más que una posibilidad futura.

No cabe ninguna duda respecto al alto grado de descomposición de nuestra sociedad, siendo numerosos los síntomas que lo evidencian y que a continuación relaciono alguno de ellos:

→ Fenómeno del aborto;

→ Implantación y arraigo de la cultura del botellón, con el agravante de que hay personas que las justifican, dándoles la categoría de espacios de socialización para la juventud;

→ Elevado consumo de drogas;

→ Alto nivel de fracaso y abandono escolar;

→ Aumento significativo de los casos de depresión, anorexia y bulimia;

→ Culto al cuerpo;

→ Excesiva influencia de las modas.

Podríamos enumerar muchos más pero voy a resaltar uno muy significativo que nos evidencia el alto grado de deterioro de esta sociedad.

En la actualidad están teniendo lugar manifestaciones y huelgas de docentes, sanitarios y personal judicial, ocasionando graves daños a los ciudadanos y a la sociedad. Seguro que tienen razones que justifican su enfado y malestar pero deberían mostrarlo utilizando otros procedimientos.

Estos profesionales son la base, fundamento, estructura y nervio de la sociedad, de tal manera que si falta uno cualquiera de estos estamentos, la sociedad se hunde. El objeto del estamento docente es el responsable de transformar al niño a través de los diferentes grados en una persona formada, con criterio, y capacitada para ocupar un puesto desde el que devuelva con creces a la sociedad todo lo que de ella ha recibido.

El estamento sanitario es el responsable de cuidar, proteger y defender la salud y la vida de todos los individuos.

El estamento judicial trabaja juzgando conductas individuales pero repercute directamente en la salud y vigor de la sociedad.

La sociedad no puede soportar el hecho de un niño sin escolarizar, un enfermo sin atender y un delincuente premiado por motivo de huelga de los profesionales que deberían atenderlos, por lo que tanto la sociedad como los ciudadanos los necesitamos en su puesto de trabajo desempeñando sus funciones, y recíprocamente ustedes merecen el respeto y el reconocimiento de su trabajo así como también los medios idóneos y el ambiente adecuado para el desempeño de su profesión.

La huelga desestímenla, por favor. Pasado el tiempo y con el ánimo frío no sólo se arrepentirán sino que además se avergonzarán, y ustedes no merecen esto.

LA ONU FRENTE AL ABORTO

En el mundo cada año se practican muchos millones de abortos con la particularidad de que la mayor parte de ellos se realizan bajo el amparo de la ley, estando financiados además por los respectivos Estados que a su vez son todos ellos miembros de Naciones Unidas, lo que les obliga a respetar su Doctrina y Principios. A pesar de ello, son muchos los Estados que tienen reconocido el derecho al aborto, lo que supone un absoluto desprecio de los derechos del concebido que queda abandonado a su suerte. Otra consecuencia directa del derecho al aborto, por acumulación de los mismos, es una agresión a la propia comunidad nacional y por ende a la humanidad.

Es decir, siendo el Estado quien tiene la obligación de proteger y defender al concebido, a su comunidad nacional y a la humanidad, no solamente los abandona sino que mediante sus leyes y demás disposiciones y actuaciones se convierte en el gran facilitador de la destrucción del concebido como consecuencia de las agresiones a la comunidad y a la humanidad.

Ante esta situación es la ONU quien debe cuidarse de la protección y defensa del concebido, de la comunidad y de la humanidad, y para ello puede:

a.   Obligar al Estado a respetar los Principios y Doctrina de la ONU, adecuando su legislación a dichos Principios;

b. Dado que las agresiones a la comunidad nacional y a la humanidad son dos conductas gravísimas, pudiendo incluso ser constitutivo del delito de genocidio, la ONU tiene la obligación de enfrentarse al fenómeno del aborto legal analizándolo en profundidad, y si llega a la conclusión de que existen Estados donde se cometen genocidios, bien sea como consecuencia de la legislación pro-abortista o de cualquier otra causa, la ONU está obligada a identificar, perseguir y castigar a los genocidas.

EPÍLOGO

El derecho al aborto es un derecho abusivo cuya realización y materialización siempre conlleva el atropello y vulneración de los derechos humanos, contraviniendo los Art. 3 y 29.2 de la DUDH.

Ningún Estado ni institución tiene capacidad, potestad ni competencias para legalizar el derecho al aborto (Art. 30 de la DUDH), por lo tanto, todos aquellos Estados que tienen legalizado el aborto corren el grave riesgo de estar cometiendo genocidio.

BIBLIOGRAFÍA

Química General (Babor - Ibarz)

Ley del Aborto - Un informe universitario (Ricardo de Ángel Yáguez, Manuel Mª Zorilla Ruiz)

Derecho Civil (José Costán Tobeñas)

Derecho Civil (Manuel Albadalejo)

Derecho Penal Español (Rodríguez Devesa)

Derecho Penal (Eugenio Cuello Colón)

ABREVIACIONES

CC	Código Civil
CCAA	Comunidades Autónomas
CGPJ	Consejo General del Poder Judicial
CP	Código Penal
DUDH	Declaración Universal de Derechos Humanos
FIV	Fecundación in Vitro
INE	Instituto Nacional de Estadística
IVE	Interrupción Voluntaria del Embarazo
STC	Sentencia del Tribunal Constitucional
TC	Tribunal Constitucional
TPI	Tribunal Penal Internacional

LEGISLACIÓN

Ley Orgánica 2/2010, de 3 de marzo, de salud sexual y reproductiva y de la interrupción voluntaria del embarazo
Código Civil (Trigésima edición, actualizada a septiembre de 2007)
Código Penal (1995)
Constitución Española (1978)

DOCTRINA DE LAS NACIONES UNIDAS

Declaración Universal de los Derechos Humanos (1948)
Declaración de los Derechos del Niño (1959)
Convención sobre los Derechos del Niño (1990)
Convención para la Prevención y la Sanción del Delito de Genocidio (1951)
Declaración de la conferencia de las Naciones Unidas sobre el Medio Ambiente Humano (1972)